C

AR

Giovanni Reale

Aristóteles

História da Filosofia Grega e Romana
Vol. IV

Tradução
Henrique Cláudio de Lima Vaz
Marcelo Perine

Edições Loyola

Título original:
Storia della filosofia antica, in cinque volumi
1ª edição da obra completa: 1975-1980
9ª edição: janeiro de 1992

Largo Gemelli, 1 – 20123 Milano
ISBN 88-343-2561-3

Dados Internacionais de Catalogação na Publicação (CIP)
(Câmara Brasileira do Livro, SP, Brasil)

Reale, Giovanni
História da filosofia grega e romana, vol. IV : Aristóteles / Giovanni Reale ; tradução Henrique Cláudio de Lima Vaz, Marcelo Perine. -- 2. ed. -- São Paulo : Edições Loyola, 2013.

Título original: Storia della filosofia antica.
ISBN 978-85-15-03303-4

1. Aristóteles 2. Aristóteles – Filosofia 3. Filososfia antiga – História I. Título.

13-11711 CDD – 185 – 109

Índices para catálogo sistemático:

1. Aristóteles : Filosofia antiga	185
2. Filosofia : História	109

Capa: Mauro C. Naxara
Obra *A Escola de Atenas* (detalhe),
Raphael Sanzio

Edições Loyola Jesuítas
Rua 1822, 341 – Ipiranga
04216-000 São Paulo, SP
T 55 11 3385 8500/8501 • 2063 4275
editorial@loyola.com.br
vendas@loyola.com.br
www.loyola.com.br

ISBN 978-85-15-03303-4

3ª edição: 2015

107607

SUMÁRIO

À minha mulher, Paola

Detalhe do Esboço para a Escola de Atenas de Rafael.

ADVERTÊNCIA

Este quarto volume da História da filosofia grega e romana *trata de Aristóteles e, portanto, das mais notáveis altitudes alcançadas pelo pensamento dos gregos.*

A interpretação de Aristóteles aqui proposta depende, em larga medida, da interpretação de Platão que apresentamos no volume III desta História da filosofia grega e romana. *Aristóteles, segundo nos parece, desde que seja lido sem preconceitos, apresenta-se nos núcleos essenciais do seu pensamento, não como antítese mas, antes, como realização da verdade de Platão. A imagem da antítese, tão bem representada por Rafael na sua "Escola de Atenas" que representa Platão apontando o céu (ou seja, a metafísica transcendente) com a mão, e Aristóteles com a mão voltada para a terra (ou seja, para os fenômenos do mundo empírico) é, na realidade, a imagem da interpretação que o Humanismo e o Renascimento formaram dos dois filósofos, a saber, a imagem do conflito entre o espiritualismo das* humanae litterae *(do qual Platão foi feito emblema) e o naturalismo da ciência (do qual Aristóteles foi feito símbolo). Haveremos de ver, ao contrário, que Aristóteles foi o único dos pensadores próximos a Platão que desenvolveu — ao menos em parte — a sua "segunda navegação", levando-a adiante por certo trajeto. Naturalmente a nova interpretação de Platão implicaria desenvolvimentos ulteriores e aprofundamentos das relações entre o sistema aristotélico e o sistema platônico, que não podem, no entanto, ser levados a cabo numa síntese como a nossa, porquanto teriam de levar em conta a compreensão das polêmicas de Aristóteles contra Platão e as raízes exatas das doutrinas aristotélicas nas "Doutrinas não escritas" de Platão. Doutra parte, a interpretação sistemático-unitária de Aristóteles que sempre sustentamos converge de modo paradigmático para a nova interpretação sistemático-unitária de Platão, e por isso julgamos inúteis ulteriores modificações e acréscimos.*

A leitura sistemático-unitária das obras esotéricas de Aristóteles (as únicas que chegaram até nós), depois de ter sido contestada a partir de 1923, tornou a impor-se não somente como lícita, mas ainda como a única possível por razões sobre as quais insistiremos. Iremos, pois, reler Aristóteles segundo uma chave sistemático-unitária, e desceremos mesmo à análise de alguns pontos doutrinários particulares que habitualmente são reservados às exposições monográficas, porque somente desse modo podem vir à luz os dois sinais distintivos do seu pensamento, quais sejam o modo segundo o qual ele busca superar e realizar a verdade das instâncias socrático-platônicas e o modo segundo o qual cria formalmente o sistema do saber filosófico.

Lembramos, finalmente, que para o amadurecimento das teses sobre Aristóteles defendidas neste volume foi decisivo para nós o livro Il concetto di filosofia prima e l'unità della Metafisica di Aristotele, *Vita e Pensiero, Milão, 1961 (1984*[4]*; tradução inglesa de J. Catan, State University of New York Press, Albany, 1980) e o trabalho de tradução e comentário da* Metafisica *de Aristóteles (3 vols., São Paulo, Edições Loyola, 2002 [2ª ed. 2005]).*

Ao leitor interessado indicamos igualmente duas obras sobre o pensamento do Estagirita por nós publicadas e que podem servir de complemento à presente síntese. Para a coleção "I Filosofi" do editor Laterza publicamos uma Introduzione ad Aristotele *(Bari, 1974; 1991*[6]*; tradução espanhola de V. Bazterrica, Editorial Herder, Barcelona, 1985) que, embora retomando (quase sempre de maneira resumida) partes desta* História, *oferece uma série de complementos sobre a formação de Aristóteles, sobre os escritos exotéricos, sobre o destino de Aristóteles, bem como uma ampla bibliografia. Para a coleção "Filosofi antichi" do editor Loffredo publicamos a primeira versão italiana (edição bilíngue, monografia introdutória, comentário crítico, bibliografia explicativa completa e o primeiro índice integral do texto grego) do* Trattato sul Cosmo per Alessandro *(Nápoles, 1974) cuja autoria (embora na forma de hipótese de trabalho, mas já acuradamente verificada mesmo nos pormenores) atribuímos a Aristóteles como obra escrita em estilo exotérico em vista das aulas que ele ministrou a Alexandre, quando chamado à corte macedônia como preceptor do príncipe.*

Remetemos o leitor que deseje ulteriores justificativas das interpretações de Aristóteles que aqui apresentamos a todos esses trabalhos, assim como remetemos, para os aprofundamentos da interpretação que propomos de Platão, ao volume Para uma nova interpretação de Platão, *trad. M. Perine, São Paulo, Edições Loyola, 1997 (2ª ed. 2004), essencial para o entendimento de todas as inovações que, a partir da quinta edição, introduzimos nessa nossa* História da filosofia grega e romana.

GIOVANNI REALE

ARISTÓTELES

"[...] se há alguém que mereça o nome de mestre do gênero humano, são justamente Platão e Aristóteles".

Hegel, *Lições sobre a história da filosofia.*

— Este é o célebre "Mosaico dos filósofos" conservado no Museu Nacional de Nápoles, cópia romana do século I d. C. de um original grego. K. Gaiser demonstrou que representa a Academia e que Platão é a terceira figura a partir da esquerda, enquanto Aristóteles é a sétima. Veja-se o volume *Das Philosophenmosaik in Neapel. Eine Darstellung der platonischen Akademie*, Heidelberg, 1980, e o breve resumo, *Il mosaico dei Filosofi di Napoli: una raffigurazione dell'Accademia platonica,* Florença, L. Olschki, 1981.

ARISTÓTELES E A SISTEMATIZAÇÃO DO SABER FILOSÓFICO

ὑπολαμβάνομεν δὴ πρῶτον μὲν ἐπίστασθαι πάντα τὸν σοφὸν ὡς ἐδέχεται.

“Consideramos, em primeiro lugar, que o sábio conhece todas as coisas, enquanto isso é possível”.

Aristóteles, *Metafísica,* A 2, 982 a 8-9.

Cabeça de Aristóteles, conservada no *Museu das Termas*, Roma.

PRIMEIRA SEÇÃO

RELAÇÕES ENTRE ARISTÓTELES E PLATÃO: PROSSEGUIMENTO DA "SEGUNDA NAVEGAÇÃO"

εἴ γε ἀΐδιον μηθέν ἐστιν, οὐδὲ γένεσιν εἶναι δυνατόν.

"Se não existisse nada de eterno, não poderia existir nem mesmo o devir".

Aristóteles, *Metafísica,* B 4, 999 b 5 s.

'Αριστοτέλης [...] γνησιώτατος τῶν Πλάτωνος μαθητῶν.

"Aristóteles foi o mais genuíno discípulo de Platão".

Diógenes Laércio, V, 1.

Cabeça de Aristóteles, *Museu das Termas*, Roma.

I. PREMISSA CRÍTICA: O MÉTODO HISTÓRICO-GENÉTICO E A MODERNA INTERPRETAÇÃO DO PENSAMENTO ARISTOTÉLICO

Antes de falar da Escola de Platão e dos primeiros escolarcas da Academia, é oportuno falar de Aristóteles[1]. De fato, na primeira Aca-

1. Aristóteles (como sabemos pelo cronógrafo Apolodoro, em Diógenes Laércio, V, 9) nasceu no primeiro ano da XCIX Olimpíada, isto é, em 384/383 a.C., em Estagira, nos confins da Macedônia. A pequena cidade fora, por muito tempo, colonizada pelos jônicos e aí falava-se um dialeto jônico. O pai de Aristóteles, de nome Nicômaco, era um médico de valor e esteve a serviço do rei Amintas da Macedônia (pai de Felipe, o Macedônio). Pode-se, pois, presumir que a família tenha morado em Pela, onde ficava o palácio de Amintas, e que tenha frequentado a corte. Se e até que ponto Nicômaco pôde ensinar ao filho a arte médica, não é possível saber, dado que ele morreu quando Aristóteles era ainda jovem.

Com certeza sabemos que aos dezoito anos, isto é, em 366/365, Aristóteles foi para Atenas em vista de aperfeiçoar a sua formação espiritual, e entrou imediatamente para a Academia platônica. Foi, certamente, na Escola de Platão, que Aristóteles amadureceu e consolidou a sua vocação filosófica de modo definitivo, pois ficou na Academia por cerca de vinte anos, ou seja, durante todo o tempo em que Platão permaneceu em vida. Qual foi o preciso papel de Aristóteles no âmbito da Escola platônica, não sabemos com exatidão: certamente ele deu lições de retórica, mas além disso devem ter sido fundamentais as suas contribuições nas numerosas discussões em torno de todo o arco de temas dos quais se ocupava a Academia (e eram discussões estabelecidas não só com Platão e com os Acadêmicos, mas com todas as mais insignes personagens de diversificada formação, que foram hóspedes da Academia, a começar pelo célebre cientista Eudóxio, o qual, como é provável, justamente nos anos em que Aristóteles frequentou a Academia, foi a personagem mais influente, estando Platão, naquele período, na Sicília). É certo que no arco dos vinte anos passados na Academia, que são os anos decisivos na vida de um homem, Aristóteles adquiriu substancialmente os princípios platônicos e defendeu-os em alguns escritos, e, ao mesmo tempo, submeteu-os a exigentes críticas, tentando dar-lhes nova direção. (Não é, certamente, casual que um Aristóteles muito jovem apareça como personagem no *Parmênides* platônico, diálogo que, como sabemos, já responde a certas críticas dirigidas contra a teoria das Ideias: de fato, algumas das críticas à teoria das Ideias, encontradas na *Metafísica* aristotélica, recordam análogas críticas que se leem no *Parmênides*). Por ocasião da morte de Platão (347), quando então aviava-se para o "mezzo del cammin di nostra vita", Aristóteles decidiu não permanecer na Academia, porque a direção da Escola fora assumida por Espêusipo (o qual encabeçava a corrente mais distante das que eram as convicções por ele amadurecidas). Deixou Atenas e dirigiu-se à Ásia Menor.

Abriu-se, desse modo, uma fase importantíssima na vida de Aristóteles. Com um célebre companheiro de Academia, Xenócrates, estabeleceu-se em Assos (na costa de Trôade), onde fundou uma Escola, juntamente com os platônicos Erasto e Corisco, originários da cidade de Esquepsi, que se tornaram conselheiros de Hérmias, hábil

demia, a herança platônica não só não é acrescentada, mas é gravemente comprometida e submetida a um verdadeiro desmantelamento, com gravíssimas consequências, como veremos. Aristóteles, ao contrário, em primeiro lugar como verdadeiro Acadêmico, em seguida

---

homem político, senhor de Artaneu e de Assos. Em Assos, Aristóteles permaneceu cerca de três anos. Passou em seguida a Mitilene, na ilha de Lesbos, provavelmente estimulado por Teofrasto (destinado a tornar-se, mais tarde, sucessor de Aristóteles), que nascera naquela ilha. Tanto a fase do ensinamento em Assos, como a de Mitilene são fundamentais: é provável que em Assos o Estagirita tenha dado cursos sobre disciplinas mais propriamente filosóficas, e que em Mitilene tenha feito, ao invés, pesquisas de ciências naturais, inaugurando e consolidando aquela preciosa colaboração com Teofrasto, que terá enorme peso nos destinos do Perípato.

Em 343/342 a.C., começa um novo período na vida de Aristóteles. Felipe, o Macedônio, chama-o à corte e confia-lhe a educação do filho Alexandre, personagem destinado a revolucionar a história grega, então com treze anos. Recordemos que já o pai de Aristóteles fora ligado à corte macedônia, e, inclusive, que Felipe poderia ter conhecido Aristóteles quando criança, e que, em todo caso, certamente Hérmias, politicamente ligado aos macedônios, teria falado ao soberano sobre Aristóteles em termos elogiosos. Infelizmente sabemos pouquíssimo das relações espirituais que se estabeleceram entre as duas excepcionais personagens (um dos maiores filósofos e um dos maiores homens políticos de todos os tempos), que o acaso quis juntar. É certo que, se Aristóteles pôde partilhar a ideia de unificar as cidades gregas sob o cetro macedônio, não compreendeu, em todo caso, a ideia de helenizar os bárbaros e pacificá-los com os gregos. O gênio político do discípulo, nesse âmbito, abriu perspectivas históricas muito mais novas e audazes do que as categorias políticas do filósofo permitiam compreender, dado que eram categorias substancialmente conservadoras e, sob certo aspecto, inclusive reacionárias. Na corte macedônia, Aristóteles ficou, talvez, até quando Alexandre assumiu o trono, isto é, até 336 (mas é também possível que depois de 340 ele tenha voltado a Estagira, estando então Alexandre ativamente empenhado na vida política e militar).

Finalmente, em 335/334, Aristóteles voltou para Atenas e alugou alguns edifícios próximos a um pequeno templo consagrado a Apolo Lício, de onde veio o nome de "Liceu" dado à Escola. E como Aristóteles dava as suas lições passeando no jardim anexo aos edifícios, a Escola foi chamada também "Perípato" (do grego *peripatos* = passeio), e "Peripatéticos" foram chamados os seus seguidores. O Perípato contrapôs-se assim à Academia e, por certo período, eclipsou-a inteiramente. Estes foram os anos mais fecundos da produção de Aristóteles: os anos que viram a grande sistematização dos tratados filosóficos e científicos que nos chegaram.

Em 323 a.C., morto Alexandre, aconteceu em Atenas uma forte reação antimacedônia, na qual foi envolvido Aristóteles, réu de ter sido mestre do grande soberano (formalmente foi acusado de impiedade por ter escrito em honra de Hérmias um carme digno de um deus). Para fugir aos inimigos, retirou-se a Calcídia, onde sua mãe possuía bens, deixando Teofrasto na direção do Perípato. Morreu em 322, aos poucos meses de exílio.

como Acadêmico dissidente, enfim como fundador de uma Escola própria em oposição à Academia (a Academia tal como fora reduzida por Espêusipo e por Xenócrates), tentou uma verificação sistemática do discurso platônico, chegando a resultados que são, em muitos

---

Os escritos de Aristóteles, como é sabido, dividem-se em dois grandes grupos: os *exotéricos* (compostos na sua maioria em forma dialógica e destinados ao grande público), e os escritos *esotéricos* (que constituíam, ao invés, ao mesmo tempo, o fruto e a base da atividade didática de Aristóteles e não eram destinados ao público, mas só aos discípulos e, portanto, eram patrimônio exclusivo da Escola).

O primeiro grupo de escritos perdeu-se completamente e não restam deles senão alguns títulos e alguns fragmentos. Talvez o primeiro escrito exotérico tenha sido *O Grilo ou Da Retórica* (no qual Aristóteles defendia a posição platônica contra Isócrates), enquanto os últimos foram o *Protrético* e *Sobre a Filosofia.* Outros escritos juvenis são dignos de menção: *Sobre as Ideias, Sobre o Bem,* o *Eudemo ou Sobre a Alma.* Sobre tais obras fixou-se hoje a atenção dos estudiosos, e delas conseguiu-se recuperar certo número de fragmentos. Outros escritos do primeiro período são para nós apenas títulos vazios. A mais completa, acurada, informada e equilibrada reconstrução destes escritos foi feita por E. Berti, *La filosofia del primo Aristotele*, Pádua 1962: aí o leitor encontrará indicada e discutida toda a literatura relativa à questão. (Cf. também: M. Untersteiner, *Aristotele. Della Filosofia*, Roma 1963). No catálogo dessas obras, ao nosso ver, entra talvez também o *Tratado sobre o cosmo para Alexandre*, que Aristóteles escreveu, provavelmente, na corte macedônia (para o ensinamento do insigne discípulo), com o mesmo estilo elegante e com o método usado nas obras destinadas ao grande público (cf. Reale, *Aristotele, Trattato sul cosmo*, Nápoles [Loffredo] 1974).

Ao contrário, chegou-nos o grosso das obras de escola, que tratam de toda a problemática filosófica e de alguns ramos das ciências naturais. Recordemos em primeiro lugar as obras mais propriamente filosóficas. O *Corpus aristotelicum*, na ordem atual, abre-se com o *Organon*, que é o título com o qual, a partir da tardia antiguidade, foi designado o conjunto dos tratados de lógica, que são: *Categorias, Sobre a Interpretação, Primeiros Analíticos, Segundos Analíticos, Tópicos, Refutações Sofísticas.* Seguem as obras de filosofia natural, isto é: *Física, Do céu, A geração e a corrupção, A Meteorologia.* Ligadas a estas são as obras de psicologia, constituídas pelo tratado *Sobre a alma* e por um grupo de opúsculos recolhidos sob o título de *Parva naturalia.* A obra mais famosa é constituída pelos quatorze livros da *Metafísica.* Vêm em seguida os tratados de filosofia moral e política: a *Ética Nicomaqueia,* a *Grande Ética*, a *Ética Eudêmica*, a *Política.* Enfim, devemos recordar a *Poética* e a *Retórica.* (Entre as obras que dizem respeito às ciências naturais recordemos a imponente *História dos animais*, *As partes dos animais*, *O movimento dos animais*, *A geração dos animais*: são obras que interessam mais à história da ciência que à história dos problemas filosóficos). Sobre o elenco de todos os títulos das obras aristotélicas transmitidas pelos antigos catálogos e sobre os vários problemas a eles conexos remetemos ao excelente trabalho de P. Moraux, *Les listes anciennes des ouvrages d'Aristote*, Lovaina 1951.

O complexo dos escritos aristotélicos foi deixado por Teofrasto em herança a Neleu, filho de Corisco, a quem Aristóteles tinha-se ligado com profunda amizade no

casos, autênticas "verificações" das instâncias platônicas. Já Diógenes Laércio escrevia que "Aristóteles foi o mais genuíno discípulo de Platão"[2] e tal juízo, ao contrário do que creem muitos modernos, é exato. Naturalmente trata-se de dar a "discípulo" e a "genuíno" um significado correto: genuíno discípulo de um grande mestre não é certamente quem o repete, limitando-se a conservar intacta a sua doutrina, mas quem, partindo das aporias do mestre, busca superá-las no espírito do mestre, além do mestre.

Foi precisamente isso que fez Aristóteles em confronto com Platão.

Mas, antes de afrontar este ponto, é preciso situar e resolver preliminarmente uma questão de caráter metodológico e crítico.

Em 1923, Werner Jaeger, numa obra que pareceu subverter radicalmente a secular concepção dos estudos aristotélicos[3], sustentou a seguinte tese:

O método sistemático-unitário com o qual sempre se leu Aristóteles é errado porque não histórico: não leva em conta a gênese histórica e o desenvolvimento do seu pensamento, que não é um bloco

---

período de Assos. Os descendentes de Neleu esconderam na adega da casa esses escritos, que aí permaneceram até quando um bibliófilo chamado Apelicon (que militava nas hostes de Mitrídates) os comprou. Das mãos de Apelicon eles passaram às de Sila, que durante a primeira guerra contra Mitrídates confiscou-os e levou-os a Roma, onde se continuou o trabalho de transcrição iniciado por Apelicon. Finalmente, Andrônico de Rodes, em meados do século I a.C., conseguiu preparar e publicar uma edição adequada das obras aristotélicas: Andrônico era então o décimo sucessor de Aristóteles no Perípato (cf. Estrabão, XIII, 54, p. 608 e Plutarco, *Vida de Silas*, 26). E a partir daí, primeiro através dos grandes comentadores gregos, depois através dos filósofos árabes, em seguida através dos medievais e, depois ainda, através dos renascentistas, estas obras tornaram-se as mais lidas, meditadas, comentadas e repensadas entre todas as que nos foram transmitidas da antiguidade.

A citação das obras de Aristóteles é feita com base na edição clássica de I. Bekker, *Aristotelis Opera*, Berlim 1831 (reimpressa aos cuidados de O. Gigon, Berlim 1960ss.); a letra grega maiúscula (ou o número romano) indica o número do livro (os antigos dividiam as suas obras em livros), o número arábico que segue indica o capítulo, enquanto o número sucessivo indica a página; as letras *a* e *b* indicam as colunas, respectivamente, da esquerda e da direita (dado que a edição de Bekker apresenta duas colunas por página); enfim os números sucessivos às letras indicam as linhas às quais se refere. Para a bibliografia, cf. o volume V.

2. Diógenes Laércio, V, 1.

3. W. Jaeger, *Aristoteles. Grundlegung einer Geschichte seiner Entwicklung*, Berlim 1923 (trad. ital. G. Calogero, *Aristotele. Prime linee di una storia della sua evoluzione spirituale*, Florença 1935, muitas vezes reimpressa).

monolítico e compacto como se acreditou, mas procede de uma posição inicialmente platônica, e prossegue com uma crítica sempre mais cerrada ao platonismo e às Ideias transcendentes, para chegar a uma posição metafísica centrada no interesse pelas *formas* e as *enteléquias* imanentes e, enfim, a uma posição, se não de repúdio, ao menos de desinteresse pela metafísica, em favor das ciências empíricas e dos dados empiricamente verificáveis e passíveis de classificação.

Em suma, a história espiritual de Aristóteles seria a história de uma subversão do platonismo e da metafísica e, portanto, de uma conversão ao empirismo e ao naturalismo.

Mas, assim formulada, a tese ainda não revela todo o seu alcance. De fato, segundo Jaeger, expressão do momento platônico do pensamento de Aristóteles não seriam só as obras exotéricas — que (como vimos na nota biográfica) foram compostas e publicadas quando Aristóteles ainda era membro oficial da Academia —, *mas também grandes partes das obras esotéricas*.

Estas obras, que, como sabemos, constituíam o material de escola de Aristóteles, isto é, o material que servia para as lições e para os cursos, teriam sido compostas em fases sucessivas, já a partir do período transcorrido em Assos. Elas teriam nascido de alguns núcleos originários, aos quais ter-se-iam progressivamente acrescentado sempre novas partes, nas quais o Estagirita retomava os problemas a partir de novos pontos de vista. Portanto, as obras de Aristóteles que temos hoje teriam nascido de sucessivas estratificações e não só não teriam uma unidade literária, mas não teriam nem mesmo uma homogeneidade especulativa, ou seja, uma unidade de caráter filosófico e doutrinário. Elas conteriam, de fato, exposições de problemas e soluções relativas a momentos da evolução do pensamento aristotélico, não só distantes entre si no tempo, mas também no que se refere à inspiração teorética; em contraste entre si e, às vezes, em nítida contradição.

Em função dessa ideia condutora, Jaeger reconstruiu algumas das obras exotéricas com base em alguns fragmentos, desmembrou as obras de escola, buscando isolar as várias estratificações e, assim, chegou a delinear um Aristóteles que se torna, de idealista platônico, um empirista. A habilidade, a engenhosidade e a cultura de Jaeger garantiram ao livro um enorme sucesso, tanto que alguns não hesitaram em acolher as suas conclusões quase como definitivas. Porém, o método histórico-genético de Jaeger, ao ser aplicado por outros estudiosos, começou a dar resultados diferentes dos que ele alcançou, e levou até mesmo a uma reviravolta do significado da pretensa parábola evolutiva do Estagirita. No curso de meio século, aplicando o método genético jaegeriano, pôde-se demonstrar tudo e o contrário de tudo, e todas as conclusões alcançadas sobre as estratificações e as evoluções das obras de escola foram assim reduzidas a zero[4].

Não é, pois, de admirar que esteja diminuindo paulatinamente o número dos seguidores do método jaegeriano, permanecendo apenas bolsões de resistência provincianos. De fato, o método genético está destinado a falir pelas seguintes razões:

a) As obras de escola nunca foram concebidas e escritas como livros a serem publicados, mas constituíam o substrato da atividade didática e, por isso, não só nunca escaparam do domínio dos seus autores, mas permaneceram sempre, por assim dizer, maleáveis.

b) Por consequência, é absurdo pensar que se possam distinguir estratificações cronologicamente determináveis: os remanejamentos sucessivos, aos quais elas foram sem dúvida submetidas pelos seus autores, não podiam deixar marcas seguramente reconhecíveis, justamente por causa da maleabilidade do material.

c) O método histórico-genético, para ser verdadeiramente *histórico*, deveria construir sobre *dados de fato* incontroversos, sobre *datas* seguras e bem provadas; ao invés, umas e outros faltam completamente no que concerne às obras de escola de Aristóteles.

d) O método histórico-genético não resolve absolutamente as dificuldades que a leitura do *Corpus aristotelicum* põe, antes multiplica-as ao inverossímil.

e) Assim, em conclusão, pode-se dizer que o método genético não alcançou quase nenhum dos seus objetivos com relação à inter-

---

4. Dizemos isso tendo presente, justamente, os estudiosos que não caíram em teses extremistas e paradoxais, como por exemplo Zürcher, na obra *Aristotele's Werk und Geist*, Paderborn 1952 (da qual damos amplamente conta no ensaio: *J. Zürcher e un tentativo di rivoluzione nel campo degli studi aristotelici*, no volume *Aristotele nella critica e negli studi contemporanei*, Milão 1956, pp. 108-143), o qual pretendeu até mesmo que oitenta por cento das obras aristotélicas, como nós as lemos, fossem reelaborações de Teofrasto!

pretação das obras de escola: promoveu um grande renascimento dos estudos sobre o Estagirita, demonstrou a informalidade literária de tais escritos, aperfeiçoou enormemente as técnicas de pesquisa e de exegese dos textos, mas não soube reconstruir a "história da evolução espiritual" do filósofo, à qual visava.

f) É justo, ao contrário, reconhecer que o método inaugurado por Jaeger deu ótimos resultados no tratamento dos problemas de fundo levantados pelas obras exotéricas de Aristóteles, das quais se estão recuperando muitos fragmentos, com bastante consistência. Mas os fragmentos dessas obras também não provam a tese de Jaeger; provam, ao invés, que já no período transcorrido na Academia, Aristóteles foi amadurecendo algumas conquistas que, depois, nas obras esotéricas tiveram todo o seu destaque[5].

Nesta *História da filosofia antiga* não poderemos nos ocupar dos fragmentos descobertos das obras exotéricas (isto só poderia ser feito em sede monográfica)[6]. Diremos, todavia, que, nelas, Aristóteles já revela, *in nuce*, a própria cifra espiritual; revela-se como o discípulo que repensa e não repete o mestre, e tenta ir além dele, mas segundo o seu espírito.

No que diz respeito às obras esotéricas, sobre as quais fundaremos a nossa exposição, assumiremos, como dado adquirido depois da falida tentativa de entendê-las em chave genética, a tese de que elas têm um sentido unitário, qualquer que tenha sido a sua gênese (isto é, mesmo no caso em que partes delas situem-se no período de Assos ou até mesmo da Academia, e que outras partes tenham sido posteriormente feitas e refeitas por Aristóteles). Elas manifestam uma *unidade de fundo* e uma *homogeneidade especulativa*, que só podem ser negadas por quem pretende, a todo custo, descobrir nelas quiméricas parábolas evolutivas. De resto, como foi dito recentemente, nenhum filósofo poderia ser compreendido se não se assumisse que

---

5. Ver, a respeito disso, sobretudo o volume de Berti, *La filosofia del primo Aristotele*, já citado, acima, na nota 1.

6. Para uma breve caracterização dos principais dentre esses escritos, ver Reale, *Introduzione a Aristotele*, Laterza, Bari 1986[4], pp. 12ss. Ver também Reale, *Aristotele, Trattato sul cosmo*... Para um aprofundamento dos mesmos, ver também a já clássica obra de E. Bignone, *L'Aristotele perduto e la formazione filosofica di Epicuro*, 2 vols., La Nuova Italia, Florença 1936 (1973[2]).

ele é, ao longo de todo tempo, responsável pela sua obra, quando não tenha negado expressamente parte dela[7]. O modo como os seguidores do método histórico-genético interpretam Aristóteles pressupõe, justamente, a negação deste princípio: negação que, no limite, implica a negação de que Aristóteles seja um autêntico filósofo[8].

7. Cf. P. Aubenque, *Le problème de l'être chez Aristote*, Paris 1962, pp. 9 s.

8. Para uma justificação adequada do que afirmamos remetemos ao nosso volume *Il concetto di filosofia prima e l'unità della Metafisica di Aristotele*, Vita e Pensiero, Milão 1985[4].

II. TANGÊNCIAS ENTRE PLATÃO E ARISTÓTELES: A VERIFICAÇÃO DA "SEGUNDA NAVEGAÇÃO"

Não se pode compreender Aristóteles senão começando por estabelecer a exata posição que ele assume, do ponto de vista metafísico e na ótica teórica em geral, diante de Platão. E, com efeito, quase todos os historiadores da filosofia, mesmo anteriormente à obra de Jaeger, começavam a exposição do pensamento aristotélico com o tema: "Crítica de Aristóteles à teoria das Ideias".

Todavia, começar justamente por este tema uma exposição sobre Aristóteles, se, de certo ponto de vista, é verdadeiramente necessário, de outro pode induzir a uma série de erros nos quais muitos estudiosos caíram. De fato, para manter o justo equilíbrio, é necessário articular tal questão de maneira conveniente, seja sob o perfil filosófico, seja sob o perfil histórico; mas isso, por uma série de razões, é bastante difícil.

Em primeiro lugar, é necessário dar-se conta de que as maciças e contínuas críticas de Aristóteles a Platão não são dirigidas só à teoria das Ideias, mas às que são, como vimos, as duas etapas da "segunda navegação": a doutrina dos Princípios e a teoria das Ideias. Mais ainda, em certa medida, são até mesmo mais frequentes as discussões sobre temáticas protológicas conexas com a teoria dos Princípios e sobre ela fundadas. Jaeger, no seu primeiro livro sobre Aristóteles[1], afirmou que as críticas do Estagirita a Platão não se referem às doutrinas dos diálogos, mas às doutrinas conexas às lições de Platão na Academia (e, portanto, às "Doutrinas não escritas"). O estudioso alemão não aprofundou posteriormente esta tese e enveredou por outros caminhos, dos quais falamos acima; mas, hoje em dia, esta tese está praticamente confirmada em sua totalidade. Pois bem, se a posição de Aristóteles em relação à doutrina dos Princípios e à teoria das Ideias não for considerada nas suas implicações extremamente articuladas e nas suas complexas consequências, poderá parecer, pelo menos à primeira vista e nas suas aparências polêmicas, totalmente negativa, global e categoricamente; quando na realidade, não é assim, como veremos.

---

1. Cf. Jaeger, *Studien zur Entstehungsgeschichte der Metaphysik des Arsitoteles*, cit., p. 141; cf. *supra*, p. 301.

Ademais, é preciso compreender e ressaltar que as pesadas críticas do Estagirita à teoria das Ideias, se isoladas do contexto da metafísica aristotélica e do novo paradigma teórico que ela propõe, e interpretadas fora das complexas relações históricas que as sustentam, fazem cair num inevitável erro de perspectiva (como ocorreu a muitos estudiosos), enquanto podem induzir a acreditar que Aristóteles, rejeitando a doutrina dos Princípios e a teoria das Ideias, rejeita também (por consequência) quase completamente a "segunda navegação" platônica.

A verdade, entretanto, é objetivamente muito diferente.

Aristóteles criticou arduamente a doutrina dos Princípios e a teoria das Ideias, e negou a existência do Princípio do Uno-Bem e de todas as Ideias ou Formas transcendentes. Todavia — e é indispensável compreender muito bem este ponto capital —, com isso ele não pretendeu absolutamente negar que existam algumas *realidades suprassensíveis*. Ele quis demonstrar, ao invés, que *a realidade suprassensível não é como Platão pensava que fosse* (ou, pelo menos, o é só em parte e numa ótica diversa).

Dado que este é, como observamos, um ponto verdadeiramente fundamental, devemos esclarecê-lo ulteriormente e precisá-lo.

No Uno-Bem transcendente, Platão indicou o Princípio de toda a realidade. Ao contrário, Aristóteles negou a existência do Uno-Bem transcendente; *mas reafirmou, de modo firme e preciso, a existência de uma realidade transcendente*. Antes, justamente a essa realidade, concebida no seu vértice superior como Inteligência suprema e, mais precisamente, como Pensamento de Pensamento, atribuiu uma função geral de Princípio como Motor imóvel de todas as coisas, afirmando expressamente que "de tal Princípio dependem o céu e a natureza"[2] e, portanto, todas as realidades.

Nas Ideias suprassensíveis, ademais, Platão indicou a "causa" das coisas sensíveis. Enquanto *causa* das coisas, as Ideias têm relações imanentes com as coisas e, ao mesmo tempo, justamente pelo seu estatuto de causas metafísicas, são um *outro* das coisas sensíveis, ou seja, são metassensíveis, transcendentes. Platão, nos seus escritos,

---

2. *Metafísica*, Λ 7, 1072 b 13 s.: ἐκ τοιαύτης ἄρα ἀρχῆς ἤρτηται ὁ οὐρανὸς καὶ ἡ φύσις.

jamais quis explicar a fundo de que modo as Ideias podiam ser, ao mesmo tempo, imanentes e transcendentes, exceto nos diálogos dialéticos, em certa medida, particularmente no *Timeu*[3], cuja narração, porém, é entendida por Aristóteles numa ótica muito parcial e segundo as suas novas categorias. Em todo caso, Platão não alimentou interesses específicos e particulares pelos fenômenos físicos como tais[4]. Ele preocupou-se muito mais com indagar a estrutura do mundo ideal como tal, do que com as suas específicas relações com o sensível e, em particular, com a estrutura deste. E a maior parte dos discípulos da Academia centraram as suas discussões segundo a perspectiva e o aspecto transcendente dos Princípios e das Ideias, tentando deduzir os nexos neles fundados e buscando estabelecer de que modo as realidades se deduzem dos Princípios primeiros. Assim eles terminaram, em certo sentido, por deixar na sombra os fenômenos e o mundo físico, para explicar os Princípios e as Ideias que neles tinham sido introduzidos, e pelos quais Aristóteles nutria o máximo interesse. Por consequência, explica-se perfeitamente a enérgica reação de Aristóteles. Se os Princípios e as Ideias são *suprassensíveis* e *transcendentes*, então eles não servem de modo algum ao objetivo em vista do qual foram introduzidos: justamente enquanto transcendentes, eles não podem ser nem *causa da existência*, nem *causa do conhecimento* das coisas sensíveis, porque a causa *essendi et cognoscendi* das coisas deve estar *nas* coisas e não *fora* delas. Todas as numerosas críticas aristotélicas (que o leitor poderá ver no nosso comentário à *Metafísica*[5]) reduzem-se, teoricamente, a um núcleo fundamental, que pode ser resumido do seguinte modo: em lugar do Princípio transcendente do Uno-Bem, será preciso introduzir o Bem

3. Cf. Reale, *Platone...*, pp. 509-622.

4. Platão concebia a pesquisa dos fenômenos naturais e as ciências físicas como estruturalmente ligadas à narração mítica (porque ligadas ao devir), como já explicamos; ele, portanto, considerava essas pesquisas um jogo, embora elevadíssimo. Cf. Reale, *Platone...*, pp. 519-523.

5. Cf. Reale, *Aristóteles, A Metafísica, tradução, introdução e comentário,* 3 vols., trad. M. Perine, São Paulo, Edições Loyola, 2002 (2ª ed. 2005); ver sobretudo A 6 e A 9, com o comentário (vol. I, pp. 174-182 e 189-212), assim como os livros M e N, *passim*, e grande parte do livro Z (desta obra publicamos inclusive uma *editio minor*, pela Editora Rusconi, Milão 1978, 1984², mas sem o comentário, pelo que será sempre preciso referir-se à edição maior que publicamos por Loffredo).

entendido como *causa final* de toda a realidade (como "aquilo a que todas as coisas tendem")[6]; em lugar das Ideias transcendentes, será preciso introduzir as Formas ou essências imanentes, entendendo-as como a estrutura inteligível de todo o real, e do sensível de modo particular.

Deixamos de lado o problema de saber se essa crítica é totalmente merecida por Platão, se atinge plenamente o alvo; o que nos interessa é uma questão mais importante: a interpretação do Bem *na ótica da causa final* e a imanentização das Ideias, entendidas como *formas inteligíveis* dos sensíveis, *pode ser afirmada como significando a renúncia, por parte do Estagirita, à convicção da existência do suprassensível?*

Foi justamente este o erro que muitos cometeram, acreditando que as formas imanentes fossem o único sucedâneo do suprassensível em geral e das Ideias em particular, quando, na realidade, os sucedâneos da teoria dos Princípios e das Ideias, em Aristóteles, são *duas doutrinas bem distintas entre si.* 1) Uma é aquela à qual já nos referimos outras vezes, ou seja, *a concepção da estrutura inteligível imanente do sensível*; 2) outra é *uma nova e, em certo sentido, mais elevada concepção do suprassensível, centrada, não sobre o Inteligível transcendente, mas sobre a Inteligência transcendente.*

Antecipando o que discutiremos longamente, podemos dizer que Aristóteles chegou à nova concepção do suprassensível, justamente como consequência da crítica à teoria dos Princípios e das Ideias transcendentes; de fato, repensando a metafísica platônica de modo capilar, recuperou *largamente a sua mensagem sob outro perfil.*

Eis um mapa sinótico muito significativo:

Depois de ter demonstrado, em nova ótica, a grande verdade que Platão conquistou com a sua "segunda navegação", ou seja, que *o sensível não existiria, se não existisse o suprassensível*, Aristóteles chegou a individuar o suprassensível nas seguintes realidades:

a) Deus ou primeiro Motor imóvel;

b) realidades análogas ao primeiro Motor, mas a ele hierarquicamente inferiores;

---

6. *Ética Nicomaqueia*, A 1, 1094 a 3: [...] τἀγαθόν, οὗ πάντ' ἐφίεται. Cf. também *Metafísica*, Λ 7, 1072 b 1 ss.

c) precisamente, realidades com estrutura hierárquica, ou seja, realidades sucessivas umas às outras (e, portanto, hierarquicamente inferiores umas às outras);

d) almas intelectivas existentes nos homens.

O primeiro Motor é Pensamento que pensa a si mesmo; as outras realidades supremas também são Inteligências; intelecto ou pensamento que "vem de fora" são também as almas racionais dos homens.

Portanto, como dizíamos, *à concepção platônica do suprassensível, entendido prioritariamente como realidade inteligível, Aristóteles substitui uma concepção do suprassensível entendido principalmente como Inteligência.*

Nesse sentido pode-se dizer que em Aristóteles, em última análise, é possível encontrar algo mais do que em Platão (pelo menos segundo certo paradigma metafísico), vale dizer, uma tendência a uma coerência e consistência maiores (e, justamente, nos âmbitos abertos pela "segunda navegação") do que as que encontramos em Platão: o suprassensível em sentido global é o mundo da Inteligência (o supremo Bem é a própria Inteligência suprema); o grande mundo das Ideias torna-se *a trama inteligível do sensível*; o Princípio material, de dominante, decomposta e irracional necessidade, torna-se, mais acentuadamente (porém, seguindo uma linha já traçada por Platão[7]), *potencialidade* e *aspiração à* forma inteligível, que só subsiste em virtude da forma e pela forma. Portanto, os fenômenos adquirem mais concretude e são "salvos": *porém, salvos justamente na forma; e todo o universo (como veremos) apresenta-se como uma grandiosa escada que se eleva, progressivamente, da forma ancorada à matéria, segundo planos hierarquicamente superiores um ao outro, de maneira perfeita, até a mais pura Forma imaterial que é a Inteligência*[8].

Ademais (e também isso deve ser bem observado, porque não é normalmente compreendido), poder-se-ia até mesmo dizer que em Aristóteles, do ponto de vista especulativo, há, em certo sentido teórico, um platonismo mais robusto e metafisicamente mais fecundo do

---

7. Cf. Reale, *Para uma nova interpretação de Platão*, pp. 447 ss.

8. Ver o nosso comentário à *Metafísica*, *passim*, em particular aos livros Z H e Θ.

que nos outros Acadêmicos dos quais nos chegaram testemunhos, como veremos de maneira pormenorizada no terceiro volume desta obra. Eudóxio, por exemplo, para resolver os problemas levantados pelo transcendentalismo platônico, propôs a hipótese da "mistura" das Ideias com as coisas, contra a qual o próprio Aristóteles reagiu violentamente. Espêusipo eliminou as Ideias, mantendo apenas as realidades matemáticas. Xenócrates tentou recuperar o que se estava perdendo, mas sem êxito (assumindo uma típica posição de epígono).

Portanto, Aristóteles, com a sua doutrina da Inteligência transcendente, em certo, sentido *mostra-se teoricamente mais platônico do que os outros Acadêmicos, porque, mesmo negando a existência de um Princípio primeiro entendido como impessoal Uno-Bem, reafirma-o, justamente, como Inteligência suprema, alcançando vértices especulativos com relação aos quais os outros Acadêmicos ficaram decididamente abaixo.*

Além disso, também com a teoria das formas imanentes, Aristóteles permanece mais platônico do que os outros platônicos, porque, enquanto nega a transcendência das Ideias, *mantém o teorema platônico da prioridade metafísica da forma*, embora fazendo da forma a trama inteligível do sensível em larga medida; e, além disso, *mantém a fundamental concepção eidética*, gravemente comprometida por alguns expoentes da Academia (em particular por Espêusipo), como amplamente veremos.

Nesta ótica, a afirmação de Diógenes Laércio, de que Aristóteles foi o mais genuíno, ou seja, o mais legítimo (γνησιώτατος)[9] discípulo de Platão, parece-nos verdadeiramente emblemática, e, justamente neste sentido, apresentaremos a nossa interpretação da filosofia do Estagirita.

9. Diógenes Laércio, V, 1. Cf. *supra*, p. 313, as epígrafes com as quais caracterizamos a Primeira Seção, ligando essa afirmação de Diógenes Laércio com a afirmação verdadeiramente emblemática de Aristóteles: "se não existisse nada de eterno, tampouco poderia existir o devir" (*Metafísica*, B 4, 999 b 5 s.).

III. AS DIFERENÇAS ENTRE ARISTÓTELES E PLATÃO

Agora fica claro em que sentido afirmamos que Aristóteles realiza e aperfeiçoa a "segunda navegação" platônica: a descoberta do suprassensível não só é mantida, mas fortemente potenciada. As oposições entre Aristóteles e Platão se dão noutra direção.

Em primeiro lugar, falta ao discípulo a inspiração mística e religiosa, cuja aura poética encontrava em Platão particular destaque e ressonância, e falta a conexa dimensão e tensão escatológica: mas tudo isso está, em grande parte, fora da esfera propriamente filosófica e metafísica, ou melhor, é algo que a ela se acrescenta.

A propósito disso, impõe-se um esclarecimento. A inspiração místico-religiosa e as crenças escatológicas sobre os destinos da alma estão ainda presentes, e até mesmo com aspectos muito claros, no primeiro Aristóteles, vale dizer, nas obras exotéricas, enquanto desaparecem quase totalmente nas obras esotéricas.

Eis, por exemplo, um explícito testemunho de Proclo a respeito:

> E também Aristóteles aprovou este procedimento e, ocupando-se da alma de um ponto de vista físico, no tratado *Sobre a alma*, não fez menção nem à descida da alma nem aos seus destinos, mas nas obras dialógicas [isto é, nos exotéricos] tratou especificamente dessas questões [...][1].

E eis o que, posteriormente, o mesmo autor nos refere:

> Fala também o divino Aristóteles da causa pela qual a alma, vindo do além a este mundo, esquece as visões que no além contemplou enquanto, depois, saindo deste mundo, recorda no além as experiências e as paixões provadas neste mundo; e é preciso aceitar o raciocínio. Diz também, que aqueles que passam da saúde à enfermidade esquecem até que aprenderam a ler e a escrever, enquanto a ninguém, passando da enfermidade à saúde, aconteceu sofrer algo desse gênero. Na verdade, para as almas, a vida sem o corpo, aquela que é conforme à sua natureza, assemelha-se à saúde, enquanto a vida no corpo, contrária à sua natureza, assemelha-se à enfermidade. No além, de fato, as almas vivem conformemente à sua natureza; neste mundo, vivem de maneira contrária à sua natureza. Assim, verossimilmente acontece

---

1. Proclo, *In Plat. Tim.*, 338 c-d (= Aristóteles, *Eudemo*, fr. 4 Ross). A tradução italiana dos fragmentos dos exotérios é de G. Giannantoni, in Aristotele, *Opere*, Laterza, Bari 1973.

que elas, vindo do além, esquecem as coisas do além, enquanto, ao invés, saindo deste mundo para o além, recordam as coisas que lhes aconteceram aqui[2].

No *Protrético*, indo até mesmo além de Platão, Aristóteles equiparava o corpo não só ao túmulo da alma, mas até mesmo a um horrendo suplício para ela:

> E deriva também ser verdade o que se encontra em Aristóteles, isto é, que somos sujeitos a um suplício análogo ao daqueles que em outros tempos, quando caíam nas mãos dos piratas etruscos, eram mortos com calculada crueldade: os seus corpos ainda vivos eram amarrados a cadáveres, fazendo combinar com a máxima exatidão possível, frente a frente, as várias partes. Assim as nossas almas estão unidas aos corpos, como os vivos são amarrados aos mortos[3].

Pois bem, é exatamente essa componente místico-religioso-escatológica que na evolução do pensamento aristotélico se perdeu; mas, como vimos, trata-se da componente platônica que lança suas raízes na religião órfica e alimenta-se mais de fé que de ontologia e dialética. E perdendo essa componente nos esotéricos, Aristóteles pretendeu, indubitavelmente, emprestar maior rigor ao discurso puramente teorético, buscando distinguir bem o que se funda unicamente no *logos* do que se funda em crenças religiosas.

Uma segunda diferença de fundo entre Platão e Aristóteles está no seguinte: Platão interessou-se pelas ciências matemáticas, mas não pelas ciências empíricas (com exceção da medicina), e, em geral, não teve nenhum interesse pelos fenômenos empíricos enquanto tais. Aristóteles, ao invés, teve grandíssimo interesse por quase todas as ciências empíricas (e escasso amor pelas matemáticas) e pelos fenômenos considerados enquanto tais, ou seja, como puros fenômenos, apaixonando-se também pela coleta e classificação de dados empíricos, independentemente da sua consideração em função de categorias filosóficas. Mas, olhando bem, esse elemento, ausente em Platão e presente em Aristóteles, não deve levar a engano: ele só prova que

2. Proclo, *In Plat. Rep.*, II, p. 349, 13-26 Kroll (= Aristóteles, *Eudemo*, fr. 5 Ross).

3. Agostinho, *Contr. Julian. Pelag.*, IV, 15, 78 (= Aristóteles, *Protrético*, fr. 10 b Ross).

Aristóteles, *além* de interesses puramente especulativos, tinha *também* interesse pelas ciências empíricas, pelas quais o mestre não se interessava. Portanto, esse elemento diferencia, de fato, mestre e discípulo, mas do ponto de vista *antropológico*, e não necessariamente do ponto de visa *especulativo*. Os doutos do Humanismo e do Renascimento (e muitos estudiosos modernos) incorreram nesse equívoco. O afresco da Escola de Atenas de Rafael oferece uma esplêndida representação visual dessa interpretação, pintando Platão com a mão apontando para o céu, o transcendente, e Aristóteles, ao invés, com a mão indicando a terra, a empírica e imanente esfera dos fenômenos. Na realidade, veremos ser verdade exatamente o contrário: Aristóteles, malgrado todo o amor que teve pelos fenômenos, não se cansou de repetir que, do ponto de vista especulativo, estes só se "salvam" com o metafenomênico, isto é, se forem postos em relação com uma causa imaterial, imóvel e transcendente[4].

Podemos resumir brevemente as diferenças até aqui destacadas deste modo: Platão, além de filósofo, é *também* um místico (e um poeta); Aristóteles, ao invés, além de filósofo, é *também* um cientista. Todavia esse *mais* de sinal oposto que diferencia marcadamente os dois homens, diferencia-os justamente nos seus interesses humanos extrafilosóficos *e não no núcleo especulativo do seu pensamento*.

Enfim, uma última diferença deve ser observada. A ironia e a maiêutica socráticas, fundindo-se com uma força poética excepcional, deram origem, em Platão, a um discurso sempre aberto, a um filosofar como busca sem repouso. O oposto espírito científico de Aristóteles devia necessariamente levar a uma sistematização orgânica das várias aquisições, a uma distinção dos temas e dos problemas segundo a sua natureza e, também, a uma diferenciação dos métodos com os quais afrontar e resolver os diversos tipos de problemas. E assim à mobilíssima espiral platônica, que tendia a envolver e a juntar sempre todos os problemas, sucederia uma sistematização estável e definitivamente fixada dos quadros da problemática do saber filosófico (e serão justamente os quadros que assinalarão as vias mestras sobre as

---

4. É significativo o fato de que obras como a *Física*, *Do Céu*, *A geração e a corrupção*, *O movimento dos animais*, apresentem o Motor imóvel como a razão última dos vários fenômenos naturais por elas tratados.

quais correrá toda a sucessiva problemática do saber filosófico: metafísica, física, psicologia, ética, política, estética, lógica).

Contudo, também nesse ponto, a diferença é muito menos radical do que parece à primeira vista. De fato, Platão foi constrangido pelo próprio peso das suas descobertas a fixar, senão dogmas, pelo menos pontos estabelecidos, e a sacrificar a mobilidade da sua poesia ao premente rigor do *logos*, a mitigar em parte a tensão aporética. E o próprio Aristóteles, por sua parte, quando é lido de maneira adequada, não só não elimina a aporia, mas a institucionaliza, por assim dizer, e proclama a consciência da aporia como condição necessária para o acesso à verdade: a aporia é como um nó e a sua solução é o seu desatamento, e o nó só pode ser desatado por quem o conhece e reconhece como tal. Também aqui, as diferenças foram aumentadas por uma ótica errada: não se teve sempre na devida conta que o diferente *modo* no qual os dois filósofos exprimiram os seus pensamentos (um valendo-se da mobilidade do diálogo, conduzido, não só pelo *logos*, mas também pela força da poesia, o outro valendo-se de um sóbrio e até mesmo árido discurso denso de conceitos), amiúde pode fazer parecer (ou faz efetivamente) os dois pensamentos mais diferentes do que são, ou simplesmente diferentes mesmo quando não são.

Em conclusão, as relações entre Platão e Aristóteles não são de antítese: são, ao invés, para usar uma terminologia hegeliana que se adequa perfeitamente, como dissemos acima, relações tais que levam o discípulo a uma *superação* do mestre, que é uma *verificação* da sua conquista de fundo. E além da verificação em Aristóteles, há também um *completamento* que leva à sistematização do saber filosófico à qual já acenamos, da qual emergirão os quadros do saber filosófico que sustentarão a especulação ocidental por séculos inteiros.

SEGUNDA SEÇÃO

A METAFÍSICA E AS CIÊNCIAS TEORÉTICAS

αἱ μὲν οὖν θεωρητικαὶ τῶν ἄλλων ἐπιστημῶν αἱρετώτεραι, αὕτη δὲ τῶν θεωρητικῶν.

"As ciências teoréticas são de muito preferíveis às outras ciências, e esta (a metafísica), por sua vez, é de muito preferível às outras ciências teoréticas".

Aristóteles, *Metafísica,* E 1, 1026 a 22 s.

Cabeça de Aristóteles, conservada no *Kunsthistorisches Museum*, de Viena

I. A METAFÍSICA

1. Conceito e características da metafísica

Aristóteles distinguiu as ciências em três grandes ramos: *a*) *ciências teoréticas*, que buscam o saber por si mesmo, *b*) *ciências práticas*, que buscam o saber para alcançar, através dele, a perfeição moral e *c*) *ciências poiéticas ou produtivas*, que buscam o saber em vista do fazer, isto é, com a finalidade de produzir determinados objetos. As mais elevadas por dignidade e valor são as primeiras, constituídas pela *metafísica*, pela *física* (na qual está incluída a *psicologia*) e pela *matemática*[1].

Convém iniciar a nossa exposição pelas ciências teoréticas e, antes, pela mais elevada dentre elas, pois é dela e em função dela que todas as outras ciências adquirem o justo significado.

Que é a metafísica?

Comecemos com um esclarecimento do termo. É sabido que "metafísica" não é termo aristotélico (talvez tenha sido cunhado pelos peripatéticos, se não nasceu por ocasião da edição das obras de Aristóteles feita por Andrônico de Rodes, no século I a.C.)[2]. Aristóteles usava, normalmente, a expressão *filosofia primeira* ou também *teologia* em oposição à *filosofia segunda* ou *física*. Mas o termo metafísica é certamente mais significativo, ou melhor, foi sentido como mais significativo e preferido pela posteridade, e assim definitivamente consagrado. A metafísica aristotélica é, com efeito, como logo veremos, a ciência que se ocupa das realidades que estão acima das físicas, das realidades transfísicas ou suprafísicas, e, como tal, opõe-se à física. E metafísica foi denominada definitivamente e de maneira constante, na trilha do pensamento aristotélico, toda tentativa do pensamento humano de ultrapassar o mundo empírico para alcançar uma realidade metaempírica.

---

1. Cf. *Metafísica*, E 1, *passim*.

2. Cf. Reale, *Aristóteles, A Metafísica*, vol. I, p. 28 ss. e as indicações bibliográficas dadas ali. Desta nossa tradução extraímos todas as passagens apresentadas no curso deste capítulo e dos sucessivos.

Feito este esclarecimento de caráter geral, devemos caracterizar pontualmente as precisas valências que Aristóteles deu àquela ciência, que ele chamou de "filosofia primeira" e os pósteros de "metafísica". As definições dadas pelo filósofo são pelo menos quatro: *a*) a metafísica indaga *as causas e os princípios primeiros ou supremos*[3], *b*) a metafísica indaga *o ser enquanto ser*[4], *c*) a metafísica indaga *a substância*[5], *d*) a metafísica indaga *Deus e a substância suprassensível*[6].

Quem nos seguiu até aqui não terá dificuldade em compreender o sentido, histórico ou teorético, das quatro definições da metafísica: elas dão forma e expressão perfeita às linhas de força segundo as quais se desenvolveu toda a precedente especulação de Tales a Platão, linhas de força que agora Aristóteles reúne em poderosa síntese. *a*) Em primeiro lugar, todos os filósofos monistas da natureza não buscavam senão a *arché*, isto é, o princípio ou a causa primeira; as causas e os princípios primeiros também foram buscados pelos físicos pluralistas, e as "causas verdadeiras" foram buscadas pelo próprio Platão com a sua teoria das Ideias: portanto, a determinação aristotélica da metafísica como "aitiologia" ou "eziologia" (pesquisa de causas e princípios) está em perfeita sintonia com todo o pensamento precedente. *b*) Em segundo lugar, Parmênides e a sua Escola indagaram o *ser*, o *puro ser*, e Platão, desenvolvendo a instância eleática, construiu toda uma *ontologia* (das Ideias) muito elaborada (sem contar que a própria doutrina da *physis* é uma doutrina do ser ou uma ontologia, porque a *physis* é a verdadeira realidade, isto é, o verdadeiro ser): portanto, a determinação da metafísica como "ontologia" era inevitável. *c*) Também a terceira determinação da metafísica (que poderemos chamar de "usiologia") explica-se bem: uma vez superado o monismo eleático e acertado que existem muitos seres, diversas formas e diversos gêneros de realidade, era necessário estabelecer *qual era o ser fundamental*, qual era a *ousía* ou substância, ou seja, era necessário estabelecer as coisas que se deviam considerar "ser" no sentido mais forte e mais verdadeiro da palavra (*ousía* ou substância

3. Cf. sobretudo *Metafísica*, livros A, α, B.

4. Cf. especialmente *Metafísica*, livro Γ (assim como os livros E 2-4; K 3).

5. Cf. sobretudo *Metafísica*, Z, H, Θ, *passim*.

6. Cf. sobretudo *Metafísica*, E 1 e todo o livro Λ.

indica, justamente, o ser mais verdadeiro). *d*) Por último, também a determinação da metafísica como "teologia" explica-se perfeitamente. Vimos que todos os naturalistas indicaram como Deus (ou como o Divino) os seus princípios; o mesmo, em nível mais elevado, fez Platão ao identificar o Divino com as Ideias, e Aristóteles não podia deixar de fazer o mesmo.

Mas — note-se — as quatro definições aristotélicas de metafísica não estão em harmonia apenas com a tradição especulativa precedente ao Estagirita, mas também em perfeita harmonia entre si: uma leva estruturalmente à outra e às outras, e cada uma a todas as outras, em perfeita unidade[7].

Vejamos mais de perto. Quem indaga as causas e os primeiros princípios, *necessariamente deve encontrar Deus*: Deus é, com efeito, a causa e o princípio primeiro por excelência. A pesquisa aitiológica desemboca estruturalmente na teologia. Mas também partindo das outras definições chega-se a idênticas conclusões: perguntar o que é o ser significa perguntar se só existe o ser sensível ou *também um ser suprassensível e divino* (ser teológico). O problema "que é a substância?" implica também o problema "que tipos de substâncias existem?" Só as sensíveis *ou também as suprassensíveis e divinas*. Portanto, está posto o problema teológico.

Com base nisso, compreende-se bem que Aristóteles tenha utilizado o termo *teologia* para indicar a metafísica, à medida que as outras três dimensões levam, estruturalmente, à dimensão teológica. A pesquisa sobre Deus não é só um *momento* da pesquisa metafísica, mas é *o momento essencial e definidor*. O Estagirita, de resto, diz com toda clareza que se não existisse uma substância suprassensível nem sequer existiria a metafísica:

> Se não subsistisse outra substância além das sensíveis, a física seria a ciência primeira[8].

E compreende-se bem a razão: se não existisse o suprassensível, as causas e os princípios seriam só os sensíveis, ou seja, os físicos;

---

7. Para a precisa documentação destes pontos e do que dissemos em todo o curso do parágrafo, cf. Reale, *Il concetto di filosofia prima...*, *passim*.

8. Cf. *Metafísica*, E 1, 1026 a 27 e K 7, 1064 b 9-14.

se não existisse o ser suprassensível, todo o ser se reduziria ao ser natural, isto é, físico; se não existissem substâncias suprassensíveis, só existiriam substâncias naturais, isto é, físicas. Em suma: se não existisse uma realidade suprassensível, não restariam senão a natureza e as causas naturais, e a ciência mais elevada seria a da natureza e das causas naturais, a física.

Da "segunda navegação" platônica nasceu, fundamentalmente, a nova ciência, que, querendo alcançar a substância ou o ser suprafísico, de fato e de direito merece o apelativo de meta-física[9].

Dissemos acima que as ciências teoréticas são superiores às práticas e às produtivas e que, por sua vez, a metafísica é superior às outras duas ciências teoréticas. A metafísica é a ciência absolutamente primeira, a mais elevada e a mais sublime[10]. Mas para que serve?, alguém poderá perguntar. Pôr-se esta pergunta significa situar-se do ponto de vista antitético ao de Aristóteles. A metafísica é a ciência mais elevada, diz ele, justamente porque não está ligada às necessidades materiais. A metafísica não é uma ciência dirigida a fins práticos ou empíricos. As ciências dirigidas a tais fins a eles estão submetidas, não valem em si e para si, mas só à medida que alcançam aqueles fins. Ao invés, a metafísica é ciência que *vale em si e para*

---

9. Embora não seja de cunho aristotélico, o termo é, todavia, no seu espírito, perfeitamente aristotélico. Na *Metafísica*, Γ 3, 1005 a 33 s. Aristóteles qualifica aquele que se ocupa de tal conhecimento como "alguém que está *acima do físico*" (τοῦ φυσικοῦ τις ἀνωτέρω), enquanto o físico ocupa-se da natureza, a qual constitui somente um gênero de ser (enquanto acima deste existe um outro gênero de ser). Ver também *Metafísica*, A 8, *passim* (onde são criticados os Físicos, justamente por terem admitido só um gênero de ser); E 1 e Λ *passim*.

10. Cf. *Metafísica*, E 1, 1026 a 18-23: "Três são, consequentemente, os ramos da filosofia teórica: a matemática, a física e a teologia [= metafísica]. Com efeito, não há dúvida de que se o divino existe, existe numa realidade daquele tipo. E não há dúvida, também, de que a ciência mais elevada deve ter como objeto o gênero mais elevado de realidade. E enquanto as ciências teóricas são, de longe, preferíveis às outras duas ciências, esta é, por sua vez, de longe, preferível às outras ciências teóricas"; A 2, 983 a 4-10: "Esta [a metafísica], de fato, entre todas as ciências, é a mais divina e mais digna de honra. Mas uma ciência pode ser divina só nesses dois sentidos: ou porque ela é a ciência que Deus possui em grau supremo, ou, também, porque ela tem como objeto as coisas divinas. Ora, só a sapiência [= metafísica] possui ambas as características: com efeito, é convicção comum a todos que Deus é uma causa e um princípio, e, também, que Deus, ou exclusivamente ou em grau supremo, tem este tipo de ciência".

si, porque tem em si mesma o seu fim e, neste sentido, é ciência "livre" por excelência[11].

Mas, objetar-se-á, como nasce, e qual é a sua razão de ser? A metafísica, responde Aristóteles, não nasce senão da admiração e do estupor que o homem experimenta diante das coisas: nasce, por isso, de um puro amor ao saber, da necessidade, radicada na natureza humana, de conhecer o *porquê último*; de fato, prescindindo de qualquer vantagem prática que tal saber possa trazer, o homem ama-o só por ele mesmo. A metafísica é, pois, ciência que tende *exclusivamente* a apaziguar *essa exigência humana do puro conhecimento*. Essa é a mais verdadeira e autêntica defesa e justificação da metafísica e, com ela, da filosofia em geral, pelo menos da filosofia classicamente entendida, que, como já se viu no curso do precedente volume, é filosofia puramente especulativa, ou seja, contemplativa.

Agora estão claras todas as razões pelas quais — como já dissemos — Aristóteles chamou a metafísica de ciência "divina". Só Deus pode ter esse tipo de ciência que tem em si mesma o seu único fim. Deus a possui inteiramente, perfeitamente e de maneira continuada; nós, ao contrário, parcialmente, imperfeitamente e de modo descontínuo. Porém, mesmo dentro desses limites, o homem tem um ponto de contato com Deus.

Portanto, o homem que faz metafísica aproxima-se de Deus, e nisso Aristóteles indicou a máxima felicidade do homem. Deus é feliz conhecendo e contemplando a si próprio; o homem é feliz conhecendo e contemplando os princípios supremos das coisas, portanto, Deus *in primis et ante omnia*. Nesse conhecimento o homem realiza perfeitamente a sua natureza e a sua essência, que, justamente, consistem na razão e na inteligência. E, como veremos na ética, realiza desse modo também a sua mais autêntica felicidade.

Neste sentido, Aristóteles pôde dizer:

> Todas as outras ciências serão mais necessárias aos homens, porém, superiores a esta, nenhuma[12].

Esta afirmação pode, corretamente, ser transformada nesta outra: as outras ciências serão mais necessárias em função das realizações

---

11. Cf. *Metafísica*, A 2, *passim*, também para os conceitos que seguem.

12. *Metafísica*, A 2, 983 a 10 s.

de fins práticos e pragmáticos particulares, mas a metafísica permanece, em todo caso, a mais necessária, porque nela e com ela o homem realiza a sua natureza de ser racional, a sua mais elevada *areté*, e apazigua a mais profunda, original e imprescindível necessidade que brota dessa natureza: a pura necessidade de saber.

2. As quatro causas

Examinadas e esclarecidas as definições de metafísica do ponto de vista formal, passamos agora a enuclear o seu conteúdo.

Dissemos que a metafísica é, em primeiro lugar, apresentada por Aristóteles como *pesquisa das causas primeiras*. Devemos, pois, estabelecer quais e quantas são essas "causas".

Aristóteles afirmou que as causas devem ser necessariamente finitas quanto ao número, e estabeleceu que, relativamente ao mundo do devir, reduzem-se às seguintes quatro causas (já entrevistas — embora confusamente —, segundo ele, pelos seus predecessores): 1) *causa formal*, 2) *causa material*, 3) *causa eficiente*, 4) *causa final*[13].

As duas primeiras são a *forma* ou *essência* e a *matéria*, que constituem todas as coisas, e das quais falaremos mais amplamente adiante. (Recorde-se que "causa" e "princípio", para Aristóteles, significam o que *funda*, o que *condiciona*, o que *estrutura*)[14]. Por ora note-se: matéria e forma, se considerarmos o ser das coisas estaticamente, bastam para explicá-lo; não bastam, ao invés, se o considerarmos dinamicamente, isto é, no seu desenvolvimento, no seu devir, no seu produzir-se e no seu corromper-se. De fato, é evidente que se considerarmos, por exemplo, determinado homem estaticamente, ele se reduz à sua matéria (carne e ossos) e à sua forma (alma); mas se o considerarmos dinamicamente e perguntarmos: "Como nasceu?", "quem o gerou?", "por que se desenvolve e cresce?", impõem-se duas outras razões ou causas: a causa *eficiente* ou *motora*, isto é, os que o geraram, e a causa *final*, ou seja, o *telos* ou o fim ao qual tende o devir do homem.

---

13. *Metafísica*, A 3-10.

14. Cf. Reale, *Il concetto di filosofia prima...*, pp. 34 ss.

Examinemos, brevemente, cada uma dessas quatro causas.

1) A *causa formal* é, como dissemos, a forma ou essência (εἶδος, τὸ τί ἦν εἶναι) das coisas: a alma para os animais, as relações formais determinadas para as diferentes figuras geométricas (para a circunferência, por exemplo, o lugar preciso dos pontos equidistantes de um ponto chamado centro), determinada *estrutura* para os diferentes objetos de arte, e assim por diante.

2) A *causa material* ou matéria (ὕλη) é "aquilo de que" (τὸ ἐξ οὗ, *id ex quo*) é feita uma coisa: por exemplo, a matéria dos animais são a carne e os ossos; a matéria da esfera de bronze é o bronze, da taça de ouro é o ouro, da estátua de madeira é a madeira, da casa são os tijolos e cimento, e assim por diante.

3) A *causa eficiente* ou motora é aquilo de que provêm a mudança e o movimento das coisas: os pais são a causa eficiente dos filhos, a vontade é a causa eficiente das várias ações do homem, o golpe que dou nessa bola é a causa eficiente do seu movimento, e assim por diante.

4) A *causa final* constitui o fim ou o escopo das coisas e das ações; ela constitui aquilo em vista de que ou em função de que (τὸ οὗ ἕνεκα, *id cuius gratia*) cada coisa é ou advém; e isso, diz Aristóteles, é o bem (ἀγαθόν) de cada coisa.

O ser e o devir das coisas exigem em geral essas quatro causas. Estas são as causas próximas; mas, além delas, são necessárias as ulteriores causas fornecidas pelo movimento dos céus e a causa suprema do primeiro Motor Imóvel, das quais falaremos em seguida[15].

3. O ser e os seus significados e o sentido da fórmula "ser enquanto ser"

Vimos que, além de doutrina das causas, a metafísica é definida por Aristóteles como doutrina do "ser" ou, também, do "ser enquanto ser". Vejamos que é o ser (ὄν, εἶναι) e o ser enquanto ser (ὂν ᾗ ὄν), no contexto da especulação aristotélica.

15. Cf. *Metafísica*, Λ 4-5 e 6-8.

Que é, pois, o ser?

Parmênides e o eleatismo acreditaram que o ser só podia ser *absolutamente idêntico*, ou seja (em termos aristotélicos), que só se podia entender num *único sentido, isto é, univocamente*. Ora, a *univocidade*, no caso particular do ser, comporta também a *unidade*. De fato, através de Zenão, Melisso e a Escola de Megara, o eleatismo cristalizou-se na doutrina do Ser-Uno com absorção integral de toda a realidade nesse Ser-Uno, e levou à imobilização do Todo. Ora, Aristóteles diagnostica perfeitamente a raiz do erro dos eleatas e, em polêmica com eles, formula o seu grande princípio da *originária multiplicidade dos sentidos de ser,* que constitui a base da sua ontologia. O ser não tem sentido unívoco, mas polívoco (o ὄν não se diz μοναχῶς, mas πολλαχῶς)[16].

A essa conquista essencial, segundo Aristóteles, não souberam chegar, não obstante as suas críticas a Parmênides, nem Platão nem os platônicos. Platão e os platônicos tentaram uma *dedução do múltiplo*; mas, ao fazer isso, permaneceram vítimas do pressuposto eleático; em particular, eles entenderam o Ser como *gênero transcendente*, como *universal substancial*, subsistente em si e para si, além das coisas: por esse motivo escapou-lhes a verdadeira recuperação do múltiplo e do devir. E assim os platônicos não puderam verdadeiramente superar Parmênides[17].

Eis como, exatamente, Aristóteles caracteriza o ser:

a) Como dissemos, o ser não pode ser entendido univocamente ao modo dos eleatas, nem como gênero transcendente ou universal substancial ao modo dos platônicos.

b) O ser exprime originariamente uma "multiplicidade" de significados. Não por isso, porém, é mero "homônimo", isto é, um "equívoco". Entre univocidade e equivocidade pura há uma *via de meio*, e o caso do ser está, justamente, nessa vida intermediária. Eis a célebre passagem na qual Aristóteles enuncia a sua doutrina:

---

16. Cf. *Física*, A 2-3. (Remetemos, para um aprofundamento da questão, ao nosso ensaio: *L'impossibilità di intendere univocamente l'essere e la tavola dei significati di esso secondo Aristotele*, in "Rivista di Filosofia Neoscolastica", LVI [1964], pp. 289-326).

17. Cf. *Metafísica*, N 2, *passim*.

> O ser se diz em múltiplos sentidos, mas sempre em referência a uma unidade e a uma realidade determinada. O ser não se diz por mera homonímia, mas do mesmo modo em que dizemos "sadio" tudo o que se refere à saúde: ou enquanto a conserva, ou enquanto a produz, ou enquanto é o seu sintoma, ou enquanto é capaz de recebê-la; ou também do modo em que dizemos "médico" tudo o que se refere à medicina: ou enquanto possui a medicina ou enquanto é bem disposto a ela por natureza, ou enquanto é obra da medicina; e podemos aduzir ainda outros exemplos de coisas que se dizem do mesmo modo destas. Assim, portanto, também o ser se diz em muitos sentidos, mas todos em referência a um único princípio [...][18].

Deixemos por ora as questões da individuação desse princípio e prossigamos na caracterização geral do conceito de ser.

c) O ser, em consequência do que se estabeleceu, não poderá ser um "gênero" e muito menos uma "espécie". Trata-se, pois, de um conceito *transgenérico*, além de *transespecífico*, vale dizer, mais amplo e mais extenso do que o gênero e a espécie. Os medievais dirão que é um *conceito analógico*, mas Aristóteles não usa este termo com relação ao ser: poder-se-ia usá-lo, mas só tendo presente que a analogicidade do ser aristotélico é diferente da analogicidade do ser medieval, e que esta é definida por características bem precisas, a serem em seguida explicadas.

d) Se a unidade do ser não é unidade nem de espécie nem de gênero, que tipo de unidade é? O ser exprime significados diversos, mas todos eles tendo *uma precisa relação com um idêntico princípio ou uma idêntica realidade*, como bem ilustram os exemplos de "sadio" e "médico", na passagem acima citada. Portanto, as várias coisas que são ditas "ser" exprimem sentidos diferentes de ser, mas ao mesmo tempo *todas implicam uma referência a algo que é uno.*

e) Que é esse algo uno? *É a substância.* Aristóteles o diz com toda clareza na conclusão da passagem que lemos acima:

> Assim, pois, também o ser se diz em muitos sentidos, *mas todos em referência a um único princípio*: algumas coisas são ditas ser porque são *substâncias*, outras porque são afecções *da substância*, outras porque são vias que levam *à substância*, ou porque são corrupções ou privações, ou qualidades ou causas produtoras ou geradoras, seja *da substância*, seja do que se

18. *Metafísica*, Γ 2, 1003 a 33-b 6.

refere à *substância*, ou porque são negações de algumas dessas, ou negações da *substância*[19].

Em conclusão, o centro unificador dos significados de ser é a *ousía*, a substância. A unidade dos vários significados de ser deriva *do fato de serem ditos em relação à substância.*

Disso tudo se deduz claramente que a ontologia aristotélica deverá distinguir e estabelecer quais os vários significados de ser; mas ela não poderá reduzir-se absolutamente a mera fenomenologia ou descrição fenomenológica dos diversos significados de ser, *porque todos os diferentes significados que o ser pode assumir implicam uma referência fundamental à substância*: excluída a substância, seriam excluídos todos os significados de ser. Então, é claro que a ontologia aristotélica deverá, fundamentalmente, centrar-se na substância, que é o princípio em relação ao qual todos os outros significados subsistem. E, nesse sentido, podemos dizer que a ontologia aristotélica é, fundamentalmente, uma *usiologia*.

Essas observações devem alertar o leitor para a interpretação da célebre fórmula "ser enquanto ser" (ὂν ᾗ ὄν). Essa fórmula não pode significar um abstrato uniforme e unívoco *ens generalissimum*, como muitos creem. Vimos, com efeito, que o *ser* não é uma espécie nem tampouco um gênero, e que ele exprime um conceito transgenérico e transespecífico. Portanto, a fórmula "ser enquanto ser" só pode exprimir *a própria multiplicidade dos significados de ser e a relação que formalmente os liga e faz, justamente, com que cada um seja ser*. Então, o "ser enquanto ser" significará a substância e tudo o que, de múltiplos modos, se refere à substância[20]. Em todo caso, é indiscutível que, para Aristóteles, a fórmula "ser enquanto ser" perde todo significado fora do contexto do discurso sobre a *multiplicidade dos significados de ser*: quem a ela atribui o sentido de ser generalíssimo ou de puro ser, aquém ou além das múltiplas determinações do ser, permanece vítima do arcaico modo de raciocinar dos eleatas e trai completamente o significado da reforma aristotélica[21].

---

19. *Metafísica*, Γ 2, 1003 b 5-10.

20. Cf. o nosso ensaio citado na nota 16 e o nosso comentário aos livros Γ, E e K da *Metafísica*.

21. Para um aprofundamento dos problemas ver: J. Owens, *The Doctrine of Being in the Aristotelian Metaphysics*, Toronto 1963[2].

4. A tábua aristotélica dos significados do ser e a sua estrutura

Tendo adquirido o conceito de ser e o princípio da original e estrutural multiplicidade dos significados de ser, devemos examinar quantos e quais são esses significados, dado que Aristóteles traça uma exata "tábua".

Eis o elenco e a elucidação dos significados de ser[22].

a) O ser se diz, por um lado, no *sentido acidental*, ou seja, como ser acidental ou casual (ὂν κατὰ συμβεβηκός). Por exemplo, quando dizemos "o homem é músico", ou "o justo é músico", indicamos casos de ser acidental: de fato, o ser músico não exprime a essência do homem, mas apenas que ao homem *ocorre ser*, um puro *acontecer*, um mero *acidente*.

b) Oposto ao ser acidental, é o *ser por si* (ὂν καθ' αὑτό). Este indica, não o que é por outro, como o ser acidental, mas o que é *por si*, isto é, essencialmente. Como exemplo de *ens per se*, Aristóteles indica, normalmente, só a *substância*; mas às vezes *todas as categorias*: além da essência ou substância, a qualidade, a quantidade, a relação, o agir, o padecer, o onde e o quando. Com efeito (diferentemente do que ocorre na especulação medieval), em Aristóteles as categorias, além da substância, são algo muito mais sólido do que o puro acidente (que exprime o puro fortuito), enquanto são, como logo veremos, fundamento em segunda ordem dos outros significados de ser, embora subordinadamente à substância.

c) Em terceiro lugar, vem o significado de *ser como verdadeiro*, contraposto ao significado do não-ser como falso. Este é o ser que podemos chamar "lógico": de fato, o ser como verdadeiro indica o ser do juízo verdadeiro, enquanto o não-ser como falso indica o ser do juízo falso. Esse é um ser puramente mental, ou seja, um ser que só subsiste na razão e na mente que pensa.

---

22. Cf. *Metafísica*, Δ 7, E 2-4 e as ulteriores indicações que damos no nosso ensaio citado na nota 16, e a nossa Introdução à *Metafísica*, pp. 30 ss. Recordemos que a primeira sistematização da tábua aristotélica dos significados de ser foi feita por F. Brentano, numa obra agora clássica: *Von der mannigfachen Bedeutung des Seienden nach Aristoteles*, Friburgo 1862; Darmstadt 1960[2].

d) O último elencado é o significado de ser *como potência e como ato*. Por exemplo, dizemos que vê, seja quem tem a potência para ver, isto é, quem *pode* ver (isto é, o que tem a capacidade de ver, mas, momentaneamente, digamos, tem os olhos fechados), seja quem vê em *ato*; ou dizemos que é sábio, seja quem pode fazer uso do próprio saber (por exemplo, quem sabe aritmética, mas não está no momento contando), seja quem dele faz uso em ato. Analogamente, dizemos também que é em ato uma estátua já esculpida e, ao invés, que é em potência o bloco de mármore que o artista está esculpindo; e nesse sentido dizemos que é trigo a muda de trigo, no sentido que é trigo em potência, enquanto da espiga madura dizemos que é trigo em ato. O ser segundo a potência e segundo o ato, esclarece Aristóteles, *estende-se a todos os significados de ser acima descritos*: pode haver um ser acidental em potência ou em ato, pode haver o ser de um juízo verdadeiro ou falso em potência ou em ato e, sobretudo, pode haver uma potência e um ato *segundo cada uma das diferentes categorias*. (Mas disso falaremos mais amplamente adiante).

A tábua dos significados de ser consta, pois, de quatro significados. Porém seria mais exato dizer de quatro grupos de significados. Já vimos, com efeito, implicitamente, mas o explicitaremos logo em seguida, que o ser não se entende de modo unívoco, nem no âmbito de cada um dos quatro significados.

Para reduzir a esquema o que foi dito e para concluir, diremos que os significados de ser são os quatro seguintes, ordenados do significado mais forte ao mais fraco:

a) ser segundo as diferentes figuras de categorias;
b) ser segundo o ato e a potência;
c) ser como verdadeiro e falso;
d) ser como acidente ou ser fortuito.

Os significados do não-ser são, ao invés, somente três:

a) não-ser segundo as diferentes figuras de categorias;
b) não-ser como potência (= não-ser-em-ato);
c) não-ser como falso.

O ser acidental não tem o relativo não-ser, como têm os outros três significados de ser, porque já é, por si, segundo Aristóteles, "algo próximo ao não-ser"[23], isto é, quase um não-ser.

5. Especificações sobre os significados de ser

Notamos acima que os quatro significados de ser são, na realidade, quatro grupos de significados: de fato, cada um deles agrupa, ulteriormente, significados semelhantes, mas não idênticos, vale dizer, não unívocos, mas análogos.

a) Em primeiro lugar, as diferentes *figuras de categorias* não oferecem significados idênticos ou unívocos de ser; noutros termos, o ser transmitido por cada uma das "figuras de categorias" constitui um significado diferente do significado de cada uma das outras. Consequentemente, a expressão "ser segundo as figuras das categorias" designa tantos significados diferentes de ser quantas são, justamente, as figuras de categorias[24].

Aristóteles diz expressamente que o ser pertence às diversas categorias, não do mesmo modo, nem no mesmo grau:

> O *é* predica-se de todas as categorias, porém não do mesmo modo, mas da substância de modo primário e das categorias de modo derivado[25].

E ainda:

> É preciso dizer ou que as categorias são ser apenas por homonímia, ou que são ser só se acrescentarmos ou extraírmos de *ser* determinada qualificação, como, por exemplo, quando se diz que também o não cognoscível é cognoscível. Com efeito, o correto é afirmar que as categorias são ditas ser, *não em sentido equívoco, nem em sentido unívoco, mas do mesmo modo que o termo médico, cujos diferentes significados implicam a referência a uma única e mesma coisa, mas não significam uma única e mesma coisa, e, não*

---

23. *Metafísica*, E 2, 1026 b 21.

24. São *oito*, se nos atemos ao elenco da *Metafísica* e da *Física*, dez, ao invés, segundo o elenco das *Categorias* e dos *Tópicos* (mas a nona categoria é redutível à quarta e a décima à sétima; ver abaixo a tábua).

25. *Metafísica*, Z 4, 1030 a 21-23.

obstante, não são puros homônimos: médico, de fato, designa um corpo, uma operação ou um instrumento, não por homonímia, nem por sinonímia, mas em virtude de uma referência a uma única coisa[26].

Essa última realidade é, obviamente, a substância. Como se vê, o que vale em geral para os diversos significados de ser, vale em particular para as categorias: as restantes categorias só são ser em relação à primeira e em virtude dela.

Mas, então, perguntar-se-á, além da unidade que é própria de todos os significados de ser, qual é o laço específico que une as diversas "figuras de categorias" num único grupo, que é, justamente, o das categorias? A resposta é a seguinte: as figuras das categorias oferecem os significados primeiros e fundamentais de ser: são a distinção originária sobre a qual, necessariamente, se apoia a distinção dos ulteriores significados. As categorias representam, pois, os significados nos quais originalmente se divide o ser[27], são as supremas divisões do ser, ou, como também diz Aristóteles, os supremos "gêneros" do ser[28]. E, nesse sentido, compreende-se bem que Aristóteles tenha indicado nas categorias o grupo de significados de ser "por si", justamente porque se trata dos significados originários.

Como Aristóteles deduziu as categorias e a sua tábua? Este problema é complexíssimo, até agora não resolvido e, provavelmente, insolúvel. Devem ter contribuído as pesquisas lógicas, linguísticas, mas sobretudo deve ter sido decisiva a análise fenomenológica e ontológica[29].

---

26. *Metafísica*, Z 4, 1030 a 32-b 3.

27. *Metafísica*, Z 3, 1029 a 21.

28. Cf. a maciça documentação aduzida por Brentano, in *Von der mannigfachen Bedeutung...*, pp. 98 ss. e *passim*.

29. Sobre o problema, debatidíssimo no século passado, ver os seguintes estudos, agora clássicos: F. A. Trendelenburg, *Geschichte der Kategorienlehre*, Berlim 1846 (pp. 196-380); H. Bonitz, *Über die Kategorien des Aristoteles*, in "Sitzungsberichte der Kaiserlichen Akad. d. Wissensch. Philos.-hist. Klasse", Bd. 10, Heft 5, Viena 1853, pp. 591-645; O. Apelt, *Die Kategorienlehre des Aristoteles*, in *Beiträge zur Geschichte der griech. Philos.*, Leipzig 1891, pp. 101-216, e o já citado volume de Brentano, *passim*. Trendelenburg sustenta que Aristóteles deduziu as categorias da gramática, Apelt fala, antes, de uma dedução lógica, Bonitz e Brentano tendem, ao invés, para uma dedução ontológica. O leitor italiano encontra uma ampla discussão dessas teses no nosso ensaio: *Filo conduttore grammaticale e filo conduttore ontologico nella deduzione delle categorie aristoteliche*, in "Rivista di Filosofia Neoscolastica", XLIX (1957), pp. 423-457.

Eis a tábua das categorias:

[1] Substância ou essência (οὐσία, τί ἐστι, τὸ τί ἦν εἶναι)
[2] Qualidade (ποιόν)
[3] Quantidade (ποσόν)
[4] Relação (πρός τι)
[5] Ação ou agir (ποιεῖν)
[6] Paixão ou padecer (πάσχειν)
[7] Onde ou lugar (ποῦ)
[8] Quando ou tempo (ποτέ)
[9] Ter (ἔχειν)
[10] Jazer (κεῖσθαι)

b) Também o *ser segundo a potência e o ato* não tem só um significado. Em primeiro lugar é claro que com a expressão "ser segundo a potência e o ato" indicam-se dois modos de ser muito diferentes e, em certo sentido, opostos. Aristóteles, de fato, chama o ser da potência até mesmo de não-ser, no sentido de que, com relação ao ser-em-ato, o ser em potência é não-ser-em-ato. A expressão, ademais, não deve levar a engano, pois Aristóteles considera ter adquirido um conceito essencial em vista da explicação da realidade e do ser, justamente com a descoberta do *ser potencial*, como decorre da polêmica com os megáricos. A experiência diz, com efeito, que além do modo de ser *em ato*, há o modo de ser *em potência*: isto é, o modo de ser que não é ato, mas capacidade de ser em ato: quem nega a existência de outro modo de ser além daquele em ato, acaba fixando a realidade num imobilismo atualístico que exclui qualquer forma de devir ou de movimento. É claro, pois, por que Aristóteles dá à distinção ser-em-potência e ser-em-ato um grandíssimo destaque[30].

Porém — e este é o ponto ao qual devemos chegar — o ser potencial e o ser atual, mesmo tomados singularmente, não têm um único significado, mas, de novo, *revestem muitos significados*. Efetivamente, o ato e a potência estendem-se a todas as categorias e as-

30. Cf. sobretudo *Metafísica*, livro Θ, *passim*. Para um exato exame da doutrina remetemos ao nosso ensaio: *La dottrina aristotelica della potenza, dell'atto e dell'entelechia nella Metafisica*, in *Studi di filosofia e di storia della filosofia in onore di Francesco Olgiati*, Milão 1962, pp. 145-207.

sumem tantos significados diferentes quantas são as categorias. Isso quer dizer que há uma forma de ser em ato e uma de ser em potência segundo a *substância*, uma forma de ser em ato e uma de ser em potência segundo a *qualidade*, outra forma ainda diferente de ato e de potência segundo a *quantidade*, e assim por diante.

À parte as numerosas questões que essas afirmações poderiam suscitar, mas que não podem ser tratadas nesta sede, um ponto fica claríssimo: o ser como potência e o ser como ato (recolhidos num único grupo, porque só se compreendem e se especificam um em função do outro), não existem fora ou além das categorias, mas *são modos de ser que se apoiam no ser das categorias, são modos de ser que se estendem segundo toda a tábua das categorias, e são diversos segundo se apoiem nas diferentes figuras de categorias.*

c) Também o terceiro significado de ser, o ser como *verdadeiro* e como *falso*, entende-se em diferentes modos, e ele também se apoia no ser das categorias. Mas, como não compete à metafísica ocupar-se dele, mas à lógica, não nos deteremos em ilustrá-lo.

d) Por último, resta falar do *ser acidental*. Digamos inicialmente que a questão do acidente (e, por consequência, do ser acidental) é bastante complexa, enquanto o termo "acidente", em Aristóteles, é dos mais flutuantes. Em todo caso, quando o Estagirita fala de ser acidental (ὂν κατὰ συμβεβηκός), entende sempre o ser fortuito ou casual, vale dizer, um ser que depende de outro ser, ao qual, porém, não é ligado por nenhum vínculo essencial. É, pois, um tipo de ser que *não é sempre e nem sequer na maioria das vezes, mas às vezes, fortuitamente, casualmente*[31].

Amiúde se confundiu o ser categorial e o ser acidental, mas isso é um grave erro. Não deve levar a engano o fato de Aristóteles às vezes (mas, sobretudo, a especulação posterior) chamar de "acidente" as próprias categorias. Com efeito, veremos que, entre as categorias, só a primeira é um ser autônomo, e as outras supõem esta primeira e são estruturalmente inerentes a ela. Neste sentido, tudo o que não é substância não pode ser por si em sentido estrito e, por isso, é

31. Sobre esses dois últimos significados de ser cf. *Metafísica*, E 2-4 e o nosso comentário, vol. I, pp. 506-516.

acidente. Mas quando Aristóteles fala de "ser acidental", não visa à simples inerência a outro, ou ao ser em outro, mas à casual, fortuita, ocasional união com outro e o ser no outro. O ser acidental é o que pode não ser, é o que não é sempre nem na maioria das vezes. Ora, é óbvio que das categorias, ou seja, do ser categorial como tal, não se pode absolutamente dizer que é ser casual, nem se pode dizer que tanto pode ser como não ser, ou que não é sempre nem na maioria das vezes. O ser (ao menos o ser sensível) é impensável sem as categorias; o que significa que, enquanto tal, elas são necessárias. Um exemplo servirá para esclarecer o pensamento e concluir. Não é absolutamente necessário que um homem seja pálido ou irado: que o homem tenha *estas* qualidades é acidental, fortuito, casual, no sentido de que elas poderiam, indiferentemente, ser ou não ser; porém *é necessário que o homem tenha qualidades* (não importa se estas ou outras). O exemplo pode repetir-se para todas as categorias. Pode ser casual o fato de uma coisa ter certa medida, mas não é casual e não é acidental que tenha medida (uma coisa sensível sem quantidade é impensável). Pode ser acidental que algo se encontre em determinado lugar, mas não é puramente acidental o seu ser num lugar. E assim os exemplos poderiam multiplicar-se. Em conclusão: o acidente, em sentido próprio, e o ser acidental só podem fundar-se (como, de resto, também os outros significados de ser) sobre as categorias, mas distinguem-se totalmente delas, enquanto a categoria é necessária, e o acidente é afecção ou acontecimento meramente fortuito, que tem lugar segundo cada uma das categorias. Em suma: o ser acidental é *a afecção contingente ou evento contingente que se realiza segundo as diferentes (necessárias) figuras das categorias.*

Recapitulemos os resultados da discussão deste parágrafo. Demonstrou-se que os quatro significados de ser são, na realidade, quatro grupos de significados, encabeçados, todos eles, pelo primeiro, isto é, pelas categorias. O ser como potência e como ato tem lugar segundo as diferentes categorias e só segundo elas; ele não subsiste fora delas ou além delas. O ser como verdadeiro, que consiste na operação mental de somar ou dividir, só pode basear-se nas categorias que, justamente, são o que é unido ou separado. Enfim, também o ser acidental funda-se sobre o ser categorial e não é senão uma afecção acidental ou um evento segundo as várias figuras das categorias. Portanto: todos os significados do ser pressupõem o ser das categorias; mas — e este ponto já emergiu outras vezes e agora é o momento de aprofundá-lo — *as várias categorias, por sua vez, não estão todas no mesmo plano: entre a substância e as outras categorias há uma diferença radical, uma diferença de algum modo comparável à que existe entre as categorias em geral e os outros significados de ser.* Todos os significados de ser pressupõem o ser das categorias; por sua vez, o ser das categorias depende inteiramente do ser da primeira categoria, ou seja, da substância.

Se, pois, todos os significados de ser supõem o ser das categorias, e se, por sua vez, o ser das categorias supõe o ser da primeira e funda-se inteiramente sobre ele, é evidente que a pergunta radical sobre o sentido de ser deve centrar-se na substância. Agora compreendem-se bem as precisas afirmações de Aristóteles:

> Na verdade, desde os tempos antigos, assim como agora e sempre, o que constitui o eterno objeto da pesquisa e o eterno problema "que é o ser", equivale a isso: "Que é a substância" [...]; por isso também nós, principalmente, fundamentalmente e unicamente, por assim dizer, devemos examinar que é o ser entendido nesse sentido[32].

Deve-se, pois, concluir, que o sentido último de ser é desvelado pelo sentido da substância.

Que é, então, a substância?

6. A questão da substância

Comecemos por dizer que o problema da substância é o mais delicado, o mais complexo e, em certo sentido, também o mais desconcertante, para quem queira entender a metafísica aristotélica, renunciando às soluções sumárias, às quais a sistematização manualística nos habituaram[33].

---

32. *Metafísica*, Z 1, 1028 b 2-7.

33. Aquilo que dizemos aqui em síntese, o leitor poderá encontrar mais amplamente documentado na Introdução à *Metafísica*, pp. 45 ss. (cf. também Reale, *La polivocità della concezione aristotelica della sostanza*, in *Scritti in onore di Carlo Giacon*, Pádua 1972, pp. 17-40) e, sobretudo, no comentário aos livros Z e H, *passim*.

Antes de tudo, deve ficar claro que a questão geral da substância envolve dois problemas essenciais estreitamente conexos, um dos quais desenvolve-se ulteriormente em duas direções.

Esclareçamos preliminarmente estes problemas. Os predecessores de Aristóteles deram à questão da substância soluções antitéticas: alguns viram na *matéria sensível* a única substância; Platão, ao invés, indicou nos *entes suprassensíveis* a verdadeira substância, enquanto o senso comum parecia indicá-la nas *coisas concretas*.

Aristóteles afronta *ex novo* a questão, estruturando-a de maneira exemplar. Depois de ter reduzido o problema ontológico geral ao seu núcleo central, isto é, à questão da *ousía*, diz, com toda clareza, que o ponto de chegada consistirá em determinar que substâncias existem: *se somente as sensíveis* (como querem os naturalistas) ou *também as suprassensíveis* (como querem os platônicos). Note-se: este é o problema dos problemas e a *quaestio ultima*, a pergunta por excelência da metafísica aristotélica, assim como de toda metafísica em geral. Trata-se, em última análise, de decidir da validade ou não dos resultados da "segunda navegação" de Platão[34].

Mas, para poder resolver esse problema específico, Aristóteles quer primeiro resolver o problema do *que é a substância em geral*. Eis, portanto, o outro problema da usiologia aristotélica: que é a substância em geral? É a *matéria*? É a *forma*? É o *sínolo*[34a]? Este problema geral deve ser resolvido antes do outro, por exigência metodológica: poder-se-á, com efeito, com maior precisão, dizer se existe *só* o sensível ou *também* o suprassensível, se for estabelecido, primeiro, que é a *ousía* em geral. Se, por exemplo, se chegasse à conclusão de que *ousía* é só a matéria ou o concreto sínolo de matéria e forma, é claro que a questão da substância suprassensível resultaria *eo ipso* excluída; se se concluísse, porém, que *ousía* é também outra coisa ou, até mesmo, prioritariamente outra coisa que a matéria, então a questão do suprassensível se apresentaria sob uma luz totalmente diferente.

E em que se baseará Aristóteles para tratar da substância em geral? Obviamente as substâncias não contestadas por ninguém: as *substâncias sensíveis*. Escreve expressamente o Filósofo:

34. Cf. Z 2, *passim*.

34a. Por sínolo (de σύνολον), traduzimos o composto de matéria e forma. N.d.T.

Todos admitem que algumas coisas sensíveis são substâncias; portanto deveremos desenvolver a nossa pesquisa *partindo delas*. De fato, é de grande utilidade proceder gradualmente na direção daquilo que é mais cognoscível. Com efeito, todos adquirem o saber desse modo: procedendo através das coisas que são menos cognoscíveis por natureza [= as coisas sensíveis] na direção das que são mais cognoscíveis por natureza [= as coisas inteligíveis][35].

Em conclusão, dos dois problemas da usiologia aristotélica, o primeiro, "que é a substância em geral", é preliminar ao segundo, "que substâncias existem" (problema teológico); além disso o primeiro (preliminar) não se pode resolver senão com base na substância sensível, a única que se conhece, antes de aceitar se existe ou não também uma substância suprassensível[36].

7. A questão da "ousía" em geral: a forma, a matéria, o *sínolo* e as notas definidoras do conceito de substância

Perguntemo-nos agora, finalmente: que é a *ousía* em geral? Aristóteles, como já recordamos, encontrava nos predecessores respostas contrastantes: para os naturalistas, substância era a matéria ou o substrato material; para os platônicos, a forma e o universal; segundo o senso comum, ao invés, parece ser substância o indivíduo e a coisa concreta. Quem tem razão? A resposta do Estagirita é: todos e ninguém ao mesmo tempo; a resposta ao problema não pode ser simples; deve ser necessariamente complexa.

Tudo o que foi dito até aqui já terá, provavelmente, orientado o leitor acerca da resposta aristotélica ao problema posto. O Estagirita diz que por *ousía* podem-se entender, a título diverso, seja 1) a *forma*, seja 2) a *matéria*, seja 3) o sínolo de matéria e forma. Com isso Aristóteles reconhece a cada um dos seus predecessores uma parte de razão e indica o seu erro na unilateralidade.

---

35. Z 3, 1029 a 33 ss. Para Aristóteles, é *por natureza* primeiro inteligível, o que é ontologicamente primeiro; *para nós*, ao invés, é primeiro o sensível, que é ontologicamente segundo, porque aquilo a partir do qual nos movemos para conhecer são os sentidos e o sensível, e ao inteligível chegamos só através e *depois* do sensível.

36. Cf. também *Metafísica*, Z 2, *passim*; Z 11, 1037 a 10-17; Z 16, 1040 b 34-1041 a 3; Z 17, 1041 a 6-9.

Ilustremos brevemente os três significados.

1) Substância é, num sentido, a forma (εἶδος, μορφή). "Forma", segundo Aristóteles, não é obviamente a forma extrínseca ou a figura exterior das coisas (ou melhor, só subordinadamente o é), mas é a natureza interior das coisas, o que é ou essência íntima (τὸ τί ἦν εἶναι) das mesmas. A forma ou essência do homem, por exemplo, é a sua alma, ou seja, o que faz dele um ser vivo racional; a forma ou essência do animal é a alma sensitiva e a da planta, a alma vegetativa. Ou ainda, a essência do círculo é o que faz com que ele seja aquela figura com aquelas determinadas qualidades; e o mesmo pode-se dizer das outras coisas. Quando definimos as coisas, referimo-nos à sua forma ou essência e, em geral, as coisas só são cognoscíveis na sua essência[37].

2) Todavia, se a alma racional não informasse um corpo, não teríamos um homem, e se a alma sensitiva não informasse certa matéria, não teríamos um animal; e, ainda, se a alma vegetativa não informasse outra matéria, não teríamos as plantas. Assim diga-se — e isso resulta ainda mais evidente — de todos os objetos produzidos pela atividade da arte: se não se realizasse na madeira a essência ou forma da mesa, ela não teria nenhuma concretude, e o mesmo deve-se dizer de todos os outros casos. Neste sentido, também a matéria resulta fundamental para a constituição das coisas e, portanto, poderá ser dita — pelo menos dentro de certos limites — substância das coisas. É claro, ademais, que esses limites são bem definíveis: de fato, se não existisse a forma, a matéria seria indeterminada e não bastaria absolutamente para constituir as coisas.

3) Com base no que dissemos, resulta plenamente esclarecido também o terceiro significado: o do *sínolo* (σύνολον). *Composto* é a concreta união de forma e matéria. Todas as coisas concretas não são mais que *sínolos* de forma e matéria.

Portanto, todas as coisas sensíveis, sem distinção, podem ser consideradas na sua forma, na sua matéria, no seu todo; e substância (*ousía*) são, a título diverso (no sentido em que vimos), tanto a forma como a matéria e o *sínolo*[38].

---

37. Cf. *Metafísica*, Z 4-12 e H 2-3 com o nosso comentário, vol. I, pp. 572-621 e vol. II, pp. 19-30.

38. Cf. *Metafísica*, Z, H, *passim*.

Dissemos que *a título diverso* Aristóteles atribui a qualificação de substância à forma, ao *sínolo* e à matéria. Ora, o Estagirita, desenvolvendo o problema da *substância em geral* numa segunda direção, buscou também determinar quais são esses "títulos" com base nos quais algo tem o direito de ser considerado substância. Esta segunda direção, nos textos, não é sempre explicitamente diferenciada da primeira e, amiúde, mescla-se com ela de vários modos; porém, é essencial distingui-la para compreender a fundo o pensamento aristotélico.

O Estagirita parece estabelecer as características definidoras da substância em número de quatro, antes, de cinco, se contarmos também uma característica que está, contudo, num plano um pouco diferente dos outros.

1) Em primeiro lugar, só se pode chamar substância o que *não inere a outro e não se predica de outro*, mas é substrato de inerência e de predicação de todos os outros modos de ser.

2) Em segundo lugar, substância só pode ser um ente que pode *subsistir por si ou separadamente do resto* (um χωριστόν), dotado de uma forma de subsistência autônoma.

3) Em terceiro lugar, pode-se chamar substância só o que é um *algo determinado* (τόδε τι): não pode, portanto, ser substância um atributo geral, nem algo universal e abstrato.

4) Em quarto lugar, *substância* deve ser algo *intrinsecamente unitário* (ἕν) e não um mero agregado de partes ou uma multiplicidade qualquer não organizada.

5) Enfim, deve ser recordada a característica do *ato* ou da *atualidade* (ἐνέργεια, ἐντελέχεια): só é substância o que é ato ou em ato. E esta característica, que está num plano diferente, como dissemos, é importantíssima.

Reexaminemos e comparemos agora com essas notas definidoras das características da substancialidade a *matéria*, a *forma* e o *sínolo*, vale dizer, aquilo que dissemos ser — a título diverso — significados de *ousía*. Em que medida matéria, forma e *sínolo* realizam essas notas?

A matéria possui, sem dúvida (1) a primeira das características: ela não inere a outro nem se predica de outro; a ela inere e dela se predica, de algum modo, todo o resto: a própria forma inere e, em certo sentido, refere-se à matéria. A matéria, todavia, não possui algumas das características da substancialidade. Ela (2) não subsiste por si, porque não há matéria que já não possua a forma; (3) não é *algo determinado*, porque tal só pode ser algo que já possui forma; (4) tampouco é algo *unitário*, porque a unidade deriva da forma; (5) enfim, não é em *ato*, mas apenas em *potência*. Diremos, pois, que a matéria só é substância *em sentido muito fraco e impróprio*. Isso explica muito bem por que às vezes Aristóteles negue que a matéria seja substância e, às vezes o afirme: ela só possui a primeira característica da substancialidade e não as outras.

Ao invés, a *forma* e o *sínolo*, embora não de maneira idêntica, têm todas as características da substancialidade.

A forma (1) não deve o seu ser a outro e não se predica de outro: é verdade — note-se — que a forma inere à matéria e refere-se, em certo sentido, à matéria, mas, justamente, em sentido totalmente excepcional (inere à matéria como aquilo que informa a matéria e possui mais ser — como logo veremos — que a matéria; hierarquicamente é a matéria que dispõe da forma, não o contrário). (2) A forma pode separar-se da matéria em dois sentidos: *a*) é a forma que dá ser à matéria e não vice-versa e, portanto, a forma é, em geral, pelo menos conceitualmente, sempre separável; *b*) existem substâncias que se esgotam inteiramente na forma e não têm matéria, e, nesses casos, a forma é absolutamente separada. (3) A forma é algo determinado (τόδε τι), como repetidamente afirma Aristóteles. Mais ainda, a forma é algo determinado e também *determinante*, porque é o que faz com que as coisas sejam o que são e não outras. (4) A forma é unidade por excelência; antes, é princípio que dá unidade à matéria que informa. (5) Enfim, a forma é ato por excelência, é princípio que dá ato, a ponto de Aristóteles usar frequentemente *forma* e *ato* como sinônimos.

E o *sínolo*? Também o *sínolo* de matéria e forma possui as características acima indicadas, pois o *sínolo* é, de fato, a união de matéria e forma. O *sínolo*, que é a coisa concreta individual, (1) é substrato de inerência e de predicação de todas as determinações acidentais; (2) subsiste por si e independentemente de modo pleno; (3) é um τόδε τι em sentido concreto; (4) é uma unidade, enquanto possui todas as suas partes materiais unificadas na forma; (5) é em ato porque as suas partes materiais são atualizadas pela forma.

A matéria — como vimos — é menos substância que a forma e o *sínolo*. E entre a *forma* e o *sínolo*, há uma diferenciação ulterior no que se refere ao seu grau de substancialidade? A questão é complexa. Em certas passagens, Aristóteles parece considerar o *sínolo* ou o indivíduo concreto como substância por excelência; em outras passagens, ao invés, parece considerar assim a forma. Mas nisso não há contradição, como poderia parecer à primeira vista. Com efeito, segundo o ponto de vista no qual nos situemos, deve-se responder conforme o primeiro ou conforme o segundo sentido. *Do ponto de vista empírico e da constatação,* é claro que o *sínolo* ou o indivíduo concreto parece ser substância por excelência. Não, porém, *do ponto de vista estritamente especulativo e metafísico*: de fato, a forma é princípio, causa e razão de ser, vale dizer, fundamento, e, com relação a ela, o *sínolo* é principiado, causado e fundado; pois bem, neste sentido, a forma é substância por excelência e no mais alto grau. Em suma: *quoad nos*, substância por excelência é o concreto; *em si e por natureza*, a forma é substância por excelência.

Por outro lado, isso é plenamente confirmado se pensarmos que o *sínolo* não pode esgotar a substância enquanto tal: se o *sínolo* esgotasse o conceito de substância enquanto tal, nada que não fosse *sínolo* seria substância. Assim Deus e, em geral, o imaterial e o suprassensível não seriam substância! A forma pode ser chamada substância por excelência: Deus e as inteligências motoras das esferas celestes são puras formas imateriais, enquanto as coisas sensíveis são formas que informam a matéria. A forma é essencial a estes e àqueles entes, embora de maneira distinta[39].

Para concluir diremos que, desse modo, o sentido de ser é plenamente determinado. O ser no seu significado mais forte é a substância; e a substância num sentido (impróprio) é matéria, num segundo sentido (mais próprio) é o *sínolo*, e num terceiro sentido (e por excelência) é a forma: ser é, pois, a matéria; ser, em grau mais elevado, é o *sínolo*; e ser é, no sentido mais forte, a forma. Assim compreende-se por que Aristóteles chamou a forma até mesmo de "causa primeira do ser"[40], justamente enquanto informa a matéria e funda o *sínolo*.

---

39. Cf. as exatas referências que damos na Introdução à *Metafísica*, vol. I, pp. 51 ss., assim como o comentário ao livro Z, *passim*.

40. *Metafísica*, Z 17, 1041 b 28.

8. A "forma" aristotélica não é o universal

Entendida do modo acima proposto, a doutrina aristotélica da substância mostra-se muito menos aporética do que, sobretudo, Zeller[41] e, com ele, muitos dos estudiosos modernos, supuseram. A distinção dos múltiplos significados de *ousía* não é de modo algum proposta num plano de pesquisa meramente linguístico e para satisfazer a instâncias linguísticas, mas situa-se num plano de análise ontológica e para satisfazer à exigência de compreensão da realidade nos seus múltiplos aspectos. A Zeller escapou que, a propósito dos três significados de *ousía* e, em particular, dos dois principais (*sínolo* e forma), não se deve — por razões estruturais — discorrer em termos de *aut-aut*, como se a qualquer custo devesse permanecer só um dos significados, mas, ao contrário, deve-se discorrer em termos de *et-et*, como vimos: a metafísica aristotélica não é levada, como as sucessivas, à *reductio ad unum* a todo custo, mas visa, principalmente, distinguir os vários aspectos da realidade, e tendo-os distinguido, não só não procede a ulteriores unificações, mas declara-os irredutíveis e, justamente como tais, considera-os expressões do caráter estruturalmente poliédrico da realidade.

Assim resolve-se facilmente outra dificuldade levantada por Zeller. É difícil — diz ele — pensar como não advindas as formas do que advém, como pretende Aristóteles. Na verdade, Aristóteles afirma com muita energia o caráter não advindo do *eidos*. Ora, como pode Aristóteles afirmar o *eidos* como não advindo, sem recair nas teses da "transcendência das formas", por ele insistentemente reprovada aos platônicos? Simples: o caráter não advindo do *eidos* aristotélico não é senão o caráter não advindo da causa, ou da condição, ou do princípio metafísico, com relação ao causado, ao condicionado e ao principiado empírico[42].

Queremos, enfim, concluir sobre a substância, detendo-nos num ponto amiúde descuidado e do qual, por outro lado, a concepção zelleriana, aceita pela maioria, fatalmente impede a compreensão. Falamos da relação entre a forma e o universal. Aristóteles, como

41. Zeller, *Die Philos. d. Griechen*, II, 2, pp. 344 ss.

42. Cf. *Metafísica*, Z 7-9.

vimos, demonstra que matéria, forma e *sínolo* podem ser considerados *ousía*, enquanto o universal, elevado pelos platônicos ao posto de substância por excelência, não pode absolutamente ser considerado substância, porque não possui nenhuma das características que vimos serem próprias da substancialidade[43].

Mas, dir-se-á, o *eidos* aristotélico não é um universal? A resposta é inequivocamente negativa. Muitas vezes Aristóteles qualifica o seu *eidos* como τόδε τι, expressão que indica o determinado que se opõe ao universal abstrato; e, de resto, vimos que todas as características da substancialidade competem ao *eidos*. O *eidos* aristotélico é um princípio metafísico, uma condição ontológica: em termos modernos, diríamos uma estrutura ontológica. Trazemos como prova apenas uma passagem — a mais significativa —, que é a conclusão do livro dedicado à substância. Depois de dizer que a substância é "um princípio e uma causa", Aristóteles mostra como se deve buscar tal princípio e tal causa. A coisa ou o fato dos quais se buscam o princípio e a causa devem ser precedentemente conhecidos, e a pesquisa deve ser conduzida assim: por que esta coisa ou este fato são assim e assim? O que equivale a dizer: por que a matéria é (ou constitui) este determinado objeto? Eis como Aristóteles especifica o problema:

> Este material é uma casa: por quê? Porque está presente nele a *essência* de casa. E assim se procederá: por que esta coisa determinada é homem? Ou, por que esse corpo tem essas características? Portanto, na pesquisa do porquê, busca-se *a causa da matéria*, vale dizer, *a forma pela qual a matéria é determinada coisa: e esta é, justamente, a substância*[44].

Eis o exemplo mais eloquente com o qual Aristóteles sugere a sua pesquisa:

> O que é composto de alguma coisa, de tal modo que o todo constitui uma unidade, não é um amontoado, mas é como uma sílaba. E a sílaba não é só as letras das quais é formada, nem *BA* é idêntica a *B* e *A*, nem a carne é simplesmente fogo e terra: de fato, uma vez que os compostos, isto é, carne e sílaba, tenham-se dissolvido, não mais existem, mas as letras, o fogo e a terra continuam a ser. Portanto, a sílaba é algo não redutível unicamente às letras, ou seja, às vogais e consoantes, mas é algo diferente delas. E assim

---

43. Cf. *Metafísica*, Z 13-16.

44. *Metafísica*, Z 17, 1041 b 5-9.

a carne não é só fogo e terra, ou quente e frio, mas algo diferente deles. Ora, se esse algo devesse ser, também ele, um elemento ou um composto de elementos, dar-se-ia o seguinte: se fosse um elemento, valeria o que dissemos acima (a carne seria constituída por esse elemento com fogo e terra e por algo diferente, de modo que iríamos ao infinito); se fosse, ao invés, um composto de elementos, seria, evidentemente, composto não de um só, mas de vários elementos (do contrário estaríamos ainda no primeiro caso), de modo que deveríamos dizer, também aqui, o que dissemos a propósito da carne e da sílaba. Por isso, deve-se reter que esse algo não é um elemento, mas a *causa* pela qual esta coisa determinada é carne, esta outra é sílaba, e assim para todo o resto. *E isso é a substância de todas as coisas: de fato, ela é causa primeira do ser*[45].

Como se vê, a *ousía-eidos* de Aristóteles, como estrutura ontológica imanente da coisa, não pode absolutamente confundir-se com o universal abstrato. O universal é, ao invés, o *gênero* (γένος), que não tem uma realidade ontológica separada. A alma do homem, como *eidos*, é um princípio que informa um corpo e faz dele um homem, e tem a sua realidade ontológica; ao contrário, animal, entendido como *gênero*, só é um termo comum abstrato, que não tem realidade *em si* e não existe senão no *homem* ou em outra *forma* de animal.

Ademais, deve-se observar que o *eidos* aristotélico tem dois aspectos: um deles é o *ontológico*, já visto, o outro é o que poderemos chamar de *lógico*. O Estagirita não estudou e não tematizou os dois aspectos e as relativas diferenças, mas passou, nos vários casos, de um ao outro inconscientemente. Notamos a diferença, inclusive por razões linguísticas, melhor do que ele, porque amiúde somos constrangidos a traduzir *eidos* de dois modos diferentes: às vezes por *forma* e outras por *espécie*. Quanto ao aspecto ontológico do *eidos*, vale dizer, a forma, Aristóteles tem razão ao dizer que não é um universal. Mas e o *eidos* no sentido lógico de espécie? Evidentemente a espécie não é senão o *eidos enquanto pensado na mente humana*. E, portanto, poder-se-ia dizer que, enquanto estrutura ontológica ou princípio metafísico, o *eidos* não é um universal; ao invés, enquanto pensado e abstraído pela mente humana, torna-se um universal. Mas, repetimos, preocupado em reafirmar o primeiro ponto, Aristóteles não

45. *Metafísica*, Z 17, 1041 b 11-28; cf. também H 2, 1043 b 10 ss.

destacou o segundo. (Tanto mais que, aos seus olhos, o *eidos também considerado como espécie* é a "diferença" específica que dá concretude ao gênero, justamente "diferenciando-o" e, portanto, resgatando-o da sua abstrata universalidade[46], como veremos também na lógica.)

Em todo caso, essas dificuldades não nos devem desviar daquilo que antes dissemos sobre a estrutura ontológica e real do *eidos*. O *eidos* não só não é um universal, mas é *mais ser que a matéria e mais ser que o sínolo*, enquanto é princípio que, estruturando a matéria, faz subsistir o próprio *sínolo*[47].

9. O ato e a potência

As doutrinas expostas devem ser agora integradas com algumas especificações relativas ao ato e à potência referidos à substância[48]. A matéria é *potência*, isto é, potencialidade, no sentido de que é *capacidade* de assumir ou receber a forma: o bronze é potência para a estátua, porque é efetiva capacidade, tanto de receber como de assumir a forma da estátua; a madeira é potência para os vários objetos que com ela podem ser feitos, porque é concreta capacidade de assumir as formas dos vários objetos. A forma configura-se, ao invés, como ato ou atuação da capacidade. O *sínolo* de matéria e forma será, se o considerarmos como tal, predominantemente ato; se o considerarmos na sua forma, será sem dúvida ato ou *enteléquia*, e, se o considerarmos na sua materialidade, será, ao invés, misto de potência e ato. Todas as coisas que possuem matéria têm sempre, como tais, maior ou menor potencialidade[49]. Se, como veremos, existem seres imateriais, isto é, puras formas, eles serão atos puros, privados de potencialidade[50].

---

46. Cf. *Metafísica*, Z 12, *passim*.

47. Cf. *Metafísica*, Z 3, 1029 a 3-7: "Chamo *matéria*, por exemplo, o bronze, *forma*, a estrutura e a configuração formal, *composto*, o que desta resulta, isto é, a estátua. Ora, se a forma é *anterior e maiormente ser* (πρότερον καὶ μᾶλλον ὄν) com relação à matéria, pela mesma razão ela será anterior também ao composto".

48. Cf., *supra*, a nota 30.

49. Cf. *Metafísica*, H 2.

50. Cf. *Metafísica*, Λ 6-8.

O ato, como já acenamos, é chamado por Aristóteles também de *enteléquia*: às vezes parece haver entre os dois termos certa distinção de significado, mas na maioria das vezes, em particular na *Metafísica*, os dois termos são sinônimos. Portanto, ato e *enteléquia* referem-se à realização, perfeição atuante e atuada. A alma, enquanto essência e forma do corpo, é ato e *enteléquia* do corpo; e, em geral, todas as formas das substâncias sensíveis são ato e *enteléquia*. Deus, como veremos, será *enteléquia* pura (e assim também as outras Inteligências motoras das esferas celestes).

O ato, diz ainda Aristóteles, tem absoluta "prioridade" e superioridade sobre a potência: de fato, não podemos conhecer a potência como tal, senão reportando-a ao ato do qual é potência. Ademais, o ato (que é forma) é condição, regra e fim da potencialidade. Enfim, o ato é superior à potência, porque é o modo de ser das substâncias eternas[51].

A doutrina da potência e do ato é, do ponto de vista metafísico, de grandíssima importância. Com ela Aristóteles pôde resolver as aporias eleáticas do devir e do movimento: devir e movimento correm no álveo do ser, porque não assinalam uma passagem do não-ser absoluto ao ser, mas do ser *em potência* ao ser *em ato*, isto é, do ser ao ser[52]. Ademais, com ela Aristóteles resolveu perfeitamente o pro-

51. Cf. *Metafísica*, Θ 8, *passim*. Esse teorema da *prioridade do ato sobre a potência* é muito importante, e, como veremos, constitui um dos princípios sobre os quais se apoia a inferência metaempírica do Motor Imóvel. Eis a passagem da *Metafísica* (Θ 8, 1050 a 4 ss.), na qual é ilustrada a *prioridade* ontológica do ato sobre a potência: "Mas o ato é anterior também *para a substância*. Em primeiro lugar, porque as coisas que na ordem da geração são últimas, na ordem da *forma* e da *substância* são primeiras: por exemplo, o adulto é antes da criança e o homem é antes do esperma: um, com efeito, possui a forma atuada, o outro, ao invés, não. Em segundo lugar, é anterior porque tudo o que advém procede em vista de um princípio, ou seja, de um *escopo* (*ou fim*): com efeito, o escopo constitui um princípio e o devir tem lugar em função do fim. E *o fim é ato*, e graças a ele adquire-se também a potência: de fato, os animais não veem com a finalidade de possuírem a vista, mas possuem a vista com a finalidade de verem [...]. Ademais, a matéria é em potência porque *pode alcançar a forma*; e quando, depois, está em ato, então ela é na forma [...]. Mas o ato é anterior à potência segundo a substância, também em sentido mais elevado: de fato, os seres eternos são anteriores aos corruptíveis quanto à substância, e nada do que é em potência é eterno".

52. Cf. por exemplo *Metafísica*, K 9.

blema da unidade da matéria e da forma: a primeira sendo potência, a segunda, ato ou atuação da mesma[53]. Enfim, o Estagirita serviu-se dela, pelo menos em parte, para demonstrar a existência de Deus e para compreender a sua natureza[54]. Mas também no âmbito de todas as outras ciências, os conceitos de potência e de ato têm em Aristóteles um papel muito relevante.

E assim chegamos à última e decisiva questão da metafísica: a da substância suprassensível.

10. Demonstração da existência da substância suprassensível

Existem substâncias suprassensíveis, ou existem apenas substâncias sensíveis? Aristóteles tentou responder com precisão ao problema (que, como sabemos, era o problema levantado pela "segunda navegação" platônica) e não só, como já acenamos, reconfirmou as conquistas da "segunda navegação", mas alcançou posições que, pela clareza metódica e pelas conclusões, vão além de Platão.

Digamos logo que, para o Estagirita, existem três gêneros de substâncias hierarquicamente ordenadas; duas são de natureza sensível: 1) o primeiro é constituído pelas substâncias sensíveis que nascem e perecem, 2) o segundo é constituído pelas substâncias sensíveis, porém incorruptíveis. Estas substâncias "sensíveis", porém "incorruptíveis", são os céus, os planetas e as estrelas, que, segundo Aristóteles, são incorruptíveis porque constituídos de matéria incorruptível (o éter, quintessência), capazes apenas de movimento ou mudança local, não passíveis de alteração, nem de aumento ou diminuição, muito menos de geração e corrupção. A substância sensível corruptível, ao invés, está submetida a todos os tipos de mudança, justamente porque a matéria da qual é constituída inclui a possibilidade de todos os contrários: por isso as coisas deste mundo (sublunar), além de mover-se, estão sujeitas ao aumento e à diminuição, a alterações, à geração e à corrupção. Acima destas existem 3) as substâncias imóveis, eternas e transcendentes ao sensível, que são Deus ou

53. Cf. *Metafísica*, K 6, *passim*.

54. Cf. *Metafísica*, Λ 6-9.

Motor imóvel e as outras substâncias motoras das várias esferas que constituem o céu, como veremos.

Os dois primeiros gêneros de substâncias são constituídos de matéria e forma: as sensíveis corruptíveis são constituídas pelos quatro elementos (terra, água, ar e fogo), as incorruptíveis, como já dissemos, por éter puro. A substância suprassensível é, ao invés, forma pura absolutamente privada de matéria. Dos dois primeiros gêneros de substâncias ocupam-se a física e a astronomia; o terceiro gênero de substância constitui o objeto peculiar da metafísica, como sabemos.

Resta-nos a examinar, brevemente, o procedimento através do qual Aristóteles demonstra a existência da substância suprassensível, a sua natureza, se é única ou se são múltiplas, e a relação entre tal substância e o mundo.

A existência do suprassensível é demonstrada do seguinte modo.

As substâncias são as realidades primeiras, no sentido de que todos os outros modos de ser dependem, como vimos amplamente, da substância. Se, pois, todas as substâncias fossem corruptíveis, não existiria absolutamente nada de incorruptível. Mas — diz Aristóteles — o tempo e o movimento são certamente incorruptíveis. O tempo não se gerou nem se corromperá: de fato, anteriormente à geração do tempo, deveria ter havido um "antes", e, posteriormente à destruição do tempo deveria haver um "depois". Ora, "antes" e "depois" são tempo. Em outros termos: pelas razões aduzidas, há sempre tempo antes ou depois de qualquer suposto início ou término do tempo; o tempo é eterno. O mesmo raciocínio vale para o movimento, porque, segundo Aristóteles, o tempo não é mais que determinação do movimento; não há tempo sem movimento e, assim, a eternidade do primeiro postula a eternidade do segundo.

Mas sob que condição pode subsistir um movimento (e um tempo) eterno? O Estagirita responde (com base nos princípios por ele estabelecidos ao estudar as condições do movimento na *Física*): só se subsistir um Princípio primeiro que seja sua causa.

E como deve ser este princípio para ser causa dele?

Em primeiro lugar, diz Aristóteles, o Princípio deve ser *eterno*: se eterno é o movimento, eterna deve ser a sua causa. Em outros termos: para ser idônea a explicar um movimento eterno, a causa só pode ser eterna.

Em segundo lugar, o Princípio deve ser *imóvel*: só o imóvel, de fato, é causa absoluta do móvel. Na *Física*, Aristóteles demonstrou este ponto com rigor. Tudo o que se move é movido por outro; este outro, se é movido, é movido por outro. Uma pedra, por exemplo, é movida por um bastão, este, por sua vez, move movido pela mão, e esta pelo homem. Em suma, para explicar todo o movimento é preciso admitir um princípio por si não ulteriormente movido, pelo menos com relação àquilo que move. Seria absurdo, com efeito, pensar que se poderia ir de motor em motor ao infinito, porque um processo ao infinito é sempre impensável nesses casos. Ora, se é assim, não só devem existir princípios ou motores relativamente móveis, dos quais dependem os movimentos particulares, mas — e *a fortiori* — deve haver um Princípio absolutamente primeiro e absolutamente imóvel, do qual depende o movimento de todo o universo.

Em terceiro lugar, o princípio deve ser totalmente privado de potencialidade, isto é, *ato puro*. Se, de fato, tivesse potencialidade, poderia também não mover em ato; mas isso é absurdo, porque nesse caso não existiria o movimento eterno dos céus, isto é, um movimento sempre em ato.

Em conclusão: dado que há um movimento eterno, é necessário haver um Princípio eterno que o produza, e é necessário que tal Princípio seja *a*) eterno, se eterno é o que ele causa, *b*) imóvel, se a causa absolutamente primeira do móvel é o imóvel, e, *c*) ato puro, se é sempre em ato o movimento que ele causa[55].

Esse é o Motor imóvel, que não é senão a substância suprassensível que estávamos buscando.

Mas de que modo o Primeiro Motor pode mover, permanecendo *absolutamente imóvel*? Existe, no âmbito das coisas que conhecemos, algo que saiba mover sem mover-se a si mesmo?

Aristóteles responde indicando como exemplo de tais coisas o desejo e a inteligência. O objeto do desejo é o que é belo e bom; ora, o belo e bom atraem a vontade do homem sem se mover; assim também o inteligível move a inteligência sem mover-se a si mesmo. E desse tipo é também a causalidade exercida pelo Primeiro Motor, isto é, a substância primeira: o Primeiro Motor move como objeto de

55. Cf. *Metafísica*, Λ 6-7.

amor e atrai o amante (ὡς ἐρώμενον κινεῖ)[56], e, como tal, permanece absolutamente imóvel.

Evidentemente, a causalidade do Primeiro Motor não é uma causalidade de tipo eficiente, do tipo daquela exercida pela mão que move um corpo, ou pelo escultor que esculpe o mármore, ou pelo pai que gera o filho. Deus, contudo, atrai; e atrai como objeto de amor, vale dizer, à guisa de fim; a causalidade do Motor imóvel é, pois, propriamente, uma causalidade de tipo final. Os intérpretes discutiram longamente esta questão, chegando a diferentes conclusões. Houve, por exemplo, quem pretendesse — escavando de vários modos nos textos aristotélicos e explicitando os pressupostos de certas afirmações — encontrar em Aristóteles, e mais do que implicitamente, o conceito de criação e, portanto, uma verdadeira causalidade eficiente do Motor imóvel[57]. Mas, na realidade, os textos aristotélicos e os seus contextos não autorizam tal exegese: de resto, o teorema da criação não foi conquistado pela especulação grega e é própria da especulação medieval subesequente. Parece correto dizer, com Ross: "[...] Deus é causa eficiente por força de ser causa final, mas de nenhum outro modo"[58].

O mundo, embora totalmente influenciado por Deus, pela atração que Ele exerce como supremo fim, pelo desejo do perfeito, não teve começo. Não houve um momento no qual havia o caos (o não-cosmo), justamente porque, se assim fosse, contradir-se-ia o teorema da prioridade do ato sobre a potência: primeiro haveria o caos, que é potência, depois haveria o mundo, que é ato. Mas isso é tanto mais absurdo pelo fato de Deus ser eterno: sendo eterno, Deus, como objeto de amor, sempre atraiu o universo, o qual, portanto, desde sempre deve ter sido como é[59].

---

56. *Metafísica,* Λ 7, 1072 b 3.

57. Assim por exemplo F. Brentano, *Über den Creationismus des Aristoteles*, in "Sitzungsberichte der Akademie der Wissensch. in Wien. Philos.-hist. Klasse", Bd. 101, 1882, pp. 95-126; Idem, *Aristoteles und seine Weltanschauung*, Lepzig 1911 (Darmstadt 1967), e, sempre do mesmo, *Die Psychologie des Aristoteles*, Mainz 1867 (Darmstadt 1967), pp. 234-250 (o apêndice intitula-se: *Von dem Wirken, insbesondere dem schöpferischen Wirken des Aristotelischen Gottes*).

58. D. Ross, *Aristotle*, Londres 1923; trad. ital. aos cuidados de A. Spinelli, Bari 1946, p. 269.

59. Cf. *Metafísica,* Λ 6, *passim.*

11. Natureza do Motor Imóvel

Esse Princípio, do qual "dependem o céu e a natureza", é Vida. Que vida? Aquela que, mais do que todas as outras, é excelente e perfeita: a vida que só nos é possível por um breve tempo: a vida do puro pensamento, da atividade contemplativa. Eis a maravilhosa passagem na qual Aristóteles — fato extremamente raro para ele — comove-se, e na qual a sua linguagem se faz quase poesia, canto, lírica:

De tal princípio, portanto, dependem o céu e a natureza. E o seu modo de viver é o mais excelente: é o modo de viver que nos é concedido só por breve tempo. E naquele estado ele é sempre. A nós isso é impossível, mas a ele não, pois o ato do seu viver é prazer. E também para nós vigília, sensação e conhecimento são sumamente aprazíveis, justamente porque são ato e, em virtude dele, também esperança e recordações [...]. Se, pois, nessa feliz condição na qual nos encontramos, às vezes, Deus se encontra perenemente, é maravilhoso; e se ele se encontra numa condição superior, é ainda mais maravilhoso. E nessa condição ele se encontra efetivamente. E ele também é Vida, porque a atividade da inteligência é Vida, e ele é, justamente, aquela atividade. E a sua atividade, que subsiste por si, é vida ótima e eterna. Dizemos, com efeito, que Deus é vivente, eterno e ótimo; de modo que a Deus pertence uma vida perenemente contínua e eterna: esse, pois, é Deus[60].

Mas, que pensa Deus? Deus pensa o que há de mais excelente. Mas o que há de mais excelente é Deus mesmo. Deus pensa a si mesmo: é atividade contemplativa de si mesmo: é pensamento de pensamento (νόησις νοήσεως). Eis as palavras textuais do filósofo:

O pensamento que é pensamento de si tem como objeto o que é por si mais excelente, e o pensamento que assim é em máximo grau tem por objeto o que é excelente em máximo grau. A inteligência pensa a si mesma, captando-se como inteligível: de fato, ela se torna inteligível intuindo e pensando a si, de modo a coincidirem inteligência e inteligível. A inteligência é, com efeito, o que é capaz de captar o inteligível e a substância, e é em ato quando os possui. Portanto, ainda mais do que aquela capacidade, essa posse é o que a inteligência tem de divino, e a atividade contemplativa é o que há de mais aprazível e mais excelente[61].

---

60. *Metafísica,* Λ 7, 1072 b 13-18 e 24-30.

61. *Metafísica,* Λ 7, 1072 b 18-24.

Ainda:

> Se, pois, a Inteligência divina é o que há de mais excelente, ela pensa a si mesma, e o seu pensamento é pensamento de pensamento[62].

Deus é eterno, imóvel, ato puro privado de potencialidade e de matéria, vida espiritual e pensamento de pensamento. Sendo tal, obviamente, "não pode ter nenhuma grandeza", mas deve ser "sem partes e indivisível". E deve também ser "impassível e inalterável"[63].

12. Unidade e multiplicidade do Divino

Aristóteles, porém, acreditou que Deus não bastava, sozinho, para explicar o movimento de todas as esferas das quais ele pensava serem os céus constituídos. Deus move diretamente o primeiro móvel — o céu das esferas fixas —; mas entre essa esfera e a Terra existem muitas outras esferas concêntricas, graduadas e encerradas umas nas outras. Quem move todas essas esferas?

As respostas poderiam ser duas: ou são movidas pelo movimento derivado do primeiro céu, que se transmite mecanicamente de uma à outra; ou são movidas por outras substâncias suprassensíveis, imóveis e eternas, que movem de modo análogo ao Primeiro Motor.

A segunda solução é acolhida por Aristóteles. Com efeito, a primeira não podia enquadrar-se na concepção da diversidade dos vários movimentos das diferentes esferas. Os movimentos das várias esferas eram, de fato, segundo a visão astronômica de então, diversos e não uniformes, em vista de poder produzir, combinando-se de vários modos, o movimento dos planetas (que não é um movimento perfeitamente circular). Portanto, não se veria como do movimento do primeiro céu poderiam derivar diferentes movimentos, nem como da atração uniforme de um único Motor poderiam derivar movimentos circulares dirigidos em sentido oposto. Eis as razões pelas quais Aristóteles introduziu a multiplicidade dos motores, pensados como substâncias suprassensíveis, capazes de mover de modo análogo a

62. *Metafísica,* Λ 9, 1074 b 34-35.

63. Cf. *Metafísica,* Λ 7, 1073 a 5-13.

Deus, vale dizer, como causas finais (causas finais relativamente às esferas individuais).

Com base nos cálculos do astrônomo do seu tempo, Calipo, e operando algumas correções que pessoalmente considerava necessárias, Aristóteles estabeleceu o número de cinquenta e cinco para as esferas celestes, admitindo, ademais, uma possível diminuição para quarenta e sete. E se tantas são as esferas, de igual número devem ser as substâncias imóveis e eternas que produzem os movimentos daquelas. Deus ou Primeiro Motor move diretamente a primeira esfera, e só indiretamente as outras; outras cinquenta e cinco substâncias suprassensíveis movem as outras cinquenta e cinco esferas[64].

Essa é uma forma de politeísmo?

Para Aristóteles, assim como para Platão e, em geral, para o grego, o Divino designa uma ampla esfera, na qual, a título diverso, como os leitores dessa *História da filosofia antiga* já sabem, entram múltiplas e diferentes realidades. Já para os naturalistas o Divino incluía, estruturalmente, muitos entes. O mesmo vale para Platão: divinas são, para ele, as Ideias do Bem e do Belo e, em geral, todas as Ideias; divino é o Demiurgo; divinas são as almas; divinos são os astros e divino é o mundo. Analogamente, para Aristóteles, divino é o Motor Imóvel, divinas são as substâncias suprassensíveis e imóveis motoras dos céus, divinos são os astros, as estrelas, as esferas e o éter que as constitui, e divina é também a alma intelectiva dos homens. Divino, em suma, é tudo o que é eterno e incorruptível. O grego (e nesta obra demonstramos amplamente este ponto) não percebeu a antítese unidade-multiplicidade do divino: e não é, pois, puramente contingente o fato de a questão nunca ter sido explicitamente tematizada nesses termos.

Dada a *forma mentis* do grego, admitir a existência de cinquenta e cinco substâncias suprassensíveis além da primeira, isto é, do Motor Imóvel, devia parecer coisa muito menos estranha do que para nós. Porém, mesmo admitindo isso, devemos dizer que é inegável uma tentativa de unificação por parte de Aristóteles. Antes de tudo, ele chamou explicitamente com o termo Deus, em sentido pleno, só

---

64. Cf. *Metafísica,* Λ 8, *passim.*

o Primeiro Motor. No mesmo lugar em que é exposta a doutrina da pluralidade dos motores, Aristóteles reafirma a unicidade do Primeiro Motor — Deus em sentido verdadeiro e próprio — e dessa unicidade deduz também a unicidade do mundo. E o livro teológico da *Metafísica*, como é sabido, encerra-se com a solene afirmação de que as coisas não querem ser mal governadas por uma multiplicidade de princípios, afirmação selada, como para dar maior solenidade, com o significativo verso de Homero:

> o governo de muitos não é bom, seja um só o comandante[65].

É claro, então, que Aristóteles só poderia ter concebido as outras substâncias imóveis, que movem as esferas celestes individuais, como hierarquicamente inferiores ao Primeiro Motor Imóvel. E, com efeito, a sua hierarquia resulta ser a mesma da ordem das esferas celestes que movem os astros. Por isso os motores das cinquenta e cinco esferas são inferiores ao Primeiro Motor e, ulteriormente, são hierarquizados um com relação ao outro[66]. Isso explica bem a existência de substâncias individuais diferentes umas das outras: são formas puras imateriais, umas inferiores às outras. Todavia elas são, de algum modo, Deuses inferiores.

Em Aristóteles há, pois, um monoteísmo de exigência mais que efetivo. De exigência, porque ele tentou separar nitidamente o Primeiro Motor dos outros, pondo-o num plano totalmente diverso, de modo a poder legitimamente chamá-lo de único, e deduzir dessa unicidade a unicidade do mundo. Mas essa exigência é transgredida, porque as cinquenta e cinco substâncias motoras são igualmente substâncias imateriais eternas que *não dependem do Primeiro Motor quanto ao ser*. O Deus aristotélico *não é criador* das cinquenta e cinco inteligências motoras: e daqui nascem todas as dificuldades sobre as quais refletimos.

O Estagirita, ademais, deixou completamente inexplicada a exata relação subsistente entre Deus e essas substâncias, e, também, entre essas substâncias e as esferas que elas movem. A Idade Média transformará essas substâncias nas célebres "inteligências angélicas"

---

65. Homero, *Ilíada*, II, 204.

66. Cf. *Metafísica*, Λ 8, 1073 b 1-3: "Portanto, que existam estas substâncias, e delas, uma venha antes e a outra siga na mesma ordem hierárquica (κατὰ τὴν αὐτὴν τάξιν) dos movimentos dos astros, é evidente".

motoras, mas poderá operar esta transformação justamente em virtude do conceito de criação.

13. Deus e o mundo

Deus (e, falando de Deus, aludimos ao Primeiro Motor), como vimos, pensa e contempla a si mesmo. Pensa também o mundo e os homens no mundo?

Aristóteles não forneceu solução clara para tal problema, e parece, pelo menos em certa medida, tender para a negativa.

O Deus aristotélico certamente possui conhecimento da existência do mundo e dos princípios universais do mundo. Por outro lado, se Deus é princípio supremo, é também claro que deverá conhecer-se como tal: conhecerá a si mesmo, também como objeto de amor e de atração de todo o universo.

É certo, porém, que *os indivíduos enquanto tais*, ou seja, nas suas limitações, deficiências e carências, não são conhecidos por Deus: esse conhecimento do imperfeito, aos olhos de Aristóteles, representaria uma *diminutio* para Deus. Eis os textos mais eloquentes:

> Ademais, quer na hipótese de que a sua [= da inteligência de Deus] substância seja a capacidade de entender, quer na hipótese de que a sua substância seja o ato de entender, que coisa ela pensa? Ou a si mesma, ou algo diverso, ou pensa sempre a mesma coisa, ou algo sempre diverso. Mas, é ou não é bem diferente o pensar o que é belo, ou o pensar uma coisa qualquer? Ou não é absurdo que ela pense certas coisas? É portanto evidente que ela pensa o que é mais divino e mais digno de honra, e que o objeto do seu pensar não muda: a mudança, de fato, é sempre para o pior, e essa mudança constitui sempre uma forma de movimento[67].

E logo em seguida, demonstrando que, por sua natureza, a inteligência divina é ato, o Estagirita acrescenta:

> Em primeiro lugar [...] se não é pensamento em ato, mas em potência, logicamente a continuidade do pensar constituiria uma fadiga para ela. Ademais, é evidente que qualquer outra coisa seria mais digna de honra que a Inteligência: ou seja, o Inteligível. De fato, a capacidade de pensar e a

67. *Metafísica*, Λ 9, 1074 b 21-27.

atividade de pensamento pertencem também a quem pensa a coisa mais indigna: de modo que, se esta é, ao invés, coisa a ser evitada — é melhor, com efeito, não ver certas coisas do que vê-las —, o que há de mais excelente não poderia ser o pensamento. Se, pois, a Inteligência divina é o que há de mais excelente, ela pensa a si mesma, e o seu pensamento é pensamento de pensamento[68].

Dessas passagens parece, pois, dever-se concluir que os indivíduos empíricos, segundo Aristóteles, são indignos do pensamento divino, justamente na sua empiricidade e particularidade.

Outra limitação do Deus aristotélico — que tem o mesmo fundamento da precedente: o fato de não ter *criado* o mundo, o homem, as almas individuais — consiste em que ele é objeto de amor, mas não ama (ou, no máximo, só ama a si mesmo). Os indivíduos, enquanto tais, não são objeto do amor divino: Deus não se volta para os homens e muito menos para o *homem individual.* Cada um dos homens, como cada coisa, tende de vários modos para Deus, mas Deus, como não pode conhecer, também não pode amar nenhum dos homens individuais[69].

Era necessário, para que se fosse adiante, conquistar o teorema da criação: mas a especulação grega não chegará a tal conquista, nem mesmo com o neoplatonismo[70].

---

68. *Metafísica,* Λ 9, 1074 b 28-35.

69. Em outros termos: Deus *só* é amado e não, *também, amante*; ele é *objeto* e não também *sujeito* de amor. Para Aristóteles, assim como para Platão, é impensável que Deus (o Absoluto) ame alguma coisa (qualquer coisa além de si), dado que amor é sempre tendência a possuir algo do qual se é privado, e Deus não é privado de nada. (É totalmente desconhecida para o Grego a dimensão do amor como dom gratuito de si). Ademais, Deus não pode amar, porque é inteligência pura e, segundo Aristóteles, a inteligência pura é *impassível* e, como tal, não ama (cf. a passagem do *De anima* que apresentamos nas pp. 398).

70. Para um aprofundamento de todos os problemas relativos à metafísica aristotélica, o leitor encontrará todas as indicações necessárias na riquíssima bibliografia elaborada por Owens, *The Doctrine of Being...*, pp. 425-446, na bibliografia comentada que acrescentamos à segunda e terceira edições do nosso volume *Il concetto di filosofia prima e l'unità della Metafisica di Aristotele*, pp. 321-376, e na bibliografia que se encontra no vol. I da nossa edição da *Metafísica*, pp. 305-321.

II. A FÍSICA

1. Caracterização da física aristotélica

A segunda ciência teorética para Aristóteles é a *física* ou "filosofia segunda", que tem por objeto de pesquisa a *realidade sensível*, intrinsecamente caracterizada pelo movimento, assim como a metafísica tinha por objeto a realidade suprassensível, intrinsecamente caracterizada pela falta absoluta de movimento[1].

A distinção de uma problemática metafísica e de uma problemática física, depois das aquisições da "segunda navegação" platônica, impunha-se estruturalmente: se são dois os planos da realidade ou, para nos exprimir em termos mais aristotélicos, se existem dois gêneros diferentes de substâncias estruturalmente distintos, o gênero suprassensível e o gênero sensível, então necessariamente diferentes, deverão ser as ciências que têm essas duas realidades por objeto de pesquisa. A distinção entre metafísica e física comportará a definitiva superação do horizonte da filosofia dos pré-socráticos e também uma radical mudança do antigo sentido de *physis*, que, em vez de significar a totalidade do ser, passará agora a significar o ser sensível, e, *natureza*quererá dizer, predominantemente, *natureza sensível*[2] (mas um sensível no qual a *forma* permanece como o princípio dominante)[3].

O leitor moderno, na verdade, pode ser levado a engano pela palavra *física*; para nós, com efeito, a física identifica-se com a ciência da natureza galileanamente entendida, vale dizer, quantitativamente entendida. Aristóteles, ao invés, está nos antípodas: a sua não é uma ciência quantitativa da natureza, mas uma ciência *qualitativa*.

---

1. Cf. *Metafísica*, E 1, 1025 a 28 ss.

2. Ver a posição que Aristóteles assume diante da pré-socrática filosofia da *physis* in *Metafísica*, A 8, *passim*.

3. Sobre o conceito aristotélico de natureza, ver especialmente o segundo livro da *Física*, do qual O. Hamelin fez um bom comentário: *Aristote, Physique II, Traduction et commentaire*, Paris 1931[2]. Sobre o tema cf. também as páginas luminosas de A. Mansion, *Introduction à la Physique Aristotélicienne*, Lovaina-Paris 1945[2], pp. 92 ss. e *passim*.

Comparada à física moderna, a de Aristóteles resulta, mais que uma *ciência*, uma *ontologia* ou *metafísica do sensível*. Encontramo-nos, em suma, diante de uma *consideração especificamente filosófica da natureza*: e será esse tipo de consideração que prevalecerá até a revolução galileana.

Não é de admirar que se encontrem nos livros de *Metafísica* amplas considerações físicas (no sentido precisado) e, vice-versa, nos livros de *Física* abundantes considerações de caráter metafísico, pois os âmbitos das duas ciências são estruturalmente intercomunicantes: o suprassensível é causa e razão do sensível, e no suprassensível termina tanto a pesquisa metafísica como (embora em sentido diferente) a própria pesquisa física; e, além disso, também o *método* de estudo aplicado nas duas ciências é idêntico. De resto, a exposição a seguir — que, por razões de espaço, limitar-se-á apenas a alguns dos temas de fundo, os mais característicos — o demonstrará adequadamente.

2. A mudança e o movimento

Dissemos que a característica essencial da natureza é dada pelo movimento, e à análise do movimento e das suas causas Aristóteles dedica, por consequência, grande parte da *Física*[4].

Que é o movimento?

Já sabemos que o movimento tornou-se problema filosófico só depois de ter sido negado como aparência ilusória pelos eleatas. Sabemos também que, já para os pluralistas, o movimento foi recuperado e, em parte, justificado. Todavia, ninguém, nem mesmo Platão, até então, soube estabelecer qual era a sua essência e o seu estatuto ontológico.

Os eleatas negaram o devir e o movimento porque, com base na sua tese de fundo, estes suporiam a existência de um *não-ser* (o que advém em geral passa de um estado a outro, e cada um desses estados *não* é o precedente e *não* é o seguinte; nascer e morrer parecem, portanto, a passagem do *não-ser* absoluto ao ser e do ser ao *não-ser*

---

4. Cf. *Física*, livros E, Z, H, Θ; mas também os livros que precedem tocam em grande medida o movimento ou conceitos a ele estreitamente ligados.

absoluto), enquanto o não-ser não existe de modo algum. A solução da aporia é alcançada por Aristóteles da maneira mais brilhante.

O movimento é um dado de fato originário, que não pode ser posto em dúvida. Mas como se justifica? Sabemos (pela metafísica) que o ser tem *muitos significados* e que um grupo desses significados é dado pelo par *ser como potência* e *ser como ato*. Com relação ao ser-em-ato, o ser-em-potência pode ser dito não-ser, precisamente não-ser-em-ato; mas é claro que se trata de um não-ser relativo, pois *a potência é real*, porque é real a capacidade e efetiva possibilidade de chegar ao ato. Ora, vindo ao ponto que nos interessa, *o movimento ou mudança em geral é, precisamente, a passagem do ser em potência ao ser em ato* (o movimento é o ato ou a atuação do que é em potência enquanto tal, diz Aristóteles[5]). Portanto, o movimento não supõe absolutamente o não-ser parmenidiano, porque se desenvolve no álveo do ser e é passagem de ser (potencial) a ser (atual): com isso o movimento perde definitivamente o caráter que podemos denominar nadificante, pelo qual os eleatas acreditavam ser constrangidos a eliminá-lo, e fica fundamentalmente explicado.

Mas Aristóteles fornece ulteriores aprofundamentos sobre o movimento, de capital importância, chegando a estabelecer todas as possíveis formas de movimento e a sua estrutura ontológica.

Voltemos à distinção original dos diferentes significados do ser. Vimos que potência e ato dizem respeito às várias categorias e não só à primeira. Por consequência, também o movimento, que é passagem da potência ao ato, *referir-se-á às várias categorias* (a todas elas ou às principais)[6]. E assim da tábua das categorias é possível deduzir as várias formas de mudança. Algumas das categorias, com efeito, não

---

5. Cf. *Física*, Γ 1, 201 a 10-11 e *Metafísica*, K 9, 1065 b 33: ἡ τοῦ δυνατοῦ ᾗ δυνατὸν ἐντελέχεια κίνησίς ἐστιν.

6. Cf. *Física*, Γ 1-2. A doutrina é retomada com palavras textuais da *Física* também na *Metafísica*, K 9, 1066 b 5 ss: "O ser ou é em ato ou é em potência, ou é, ao mesmo tempo, em ato e em potência: e verifica-se isso, seja pela substância, seja pela qualidade, seja pelas restantes categorias. Não existe nenhum movimento que esteja fora das coisas: de fato, a mudança tem lugar sempre segundo as categorias do ser, e não há nada que seja comum a todas e que não entre numa única categoria. Cada uma das categorias, em todas as coisas, existe de dois modos diferentes [...], de maneira que deverão existir tantas formas de movimento e de mudança quantas são as categorias do ser".

admitem mudança, como, por exemplo, a categoria da relação: basta que se mova um dos dois termos da relação para que também o outro, embora permanecendo sem mudança, mude o significado relacional (e, portanto, se admitíssemos movimento segundo a relação, admitiríamos o absurdo de um movimento sem movimento para o segundo termo). As categorias do *agir* e do *padecer* já são por si movimentos e não é possível movimento de movimento. Enfim, também o *quando* ou *tempo*, como já vimos, é uma afecção do movimento. Restam as categorias 1) da *substância*, 2) da *qualidade*, 3) da *quantidade*, 4) do *lugar*, e é justamente segundo essas categorias que ocorre a mudança. A mudança segundo a substância é a *geração e a corrupção*; segundo a qualidade é a *alteração*; segundo a quantidade é o *aumento e a diminuição*, e, segundo o lugar é a *translação. Mudança* é termo genérico que corresponde a essas quatro formas, *movimento*, ao invés, é termo que designa as últimas três, particularmente, a última[7].

Em todas as suas formas, o devir supõe um substrato (que é o ser potencial), que passa de um oposto a outro oposto: na primeira forma, de um contraditório a outro contraditório, e, nas outras três formas, de um contrário a outro contrário. A geração consiste na assunção da forma pela matéria, a corrupção consiste em perder a forma; a alteração é uma mudança da qualidade, enquanto o aumento e a diminuição são uma passagem do pequeno ao grande e vice-versa; o movimento local é passagem de um ponto a outro. Só os *sínolos* de matéria e forma podem mudar, porque só a matéria implica potencialidade: a estrutura hilemórfica da realidade sensível, que implica necessariamente matéria e potencialidade, é, pois, a raiz de todo movimento[8].

Essas considerações remetem-nos ao problema das quatro causas, que já conhecemos. Matéria e forma são causas intrínsecas do devir. Causa externa é, ao invés, o agente ou causa eficiente: nenhuma mudança tem lugar sem essa causa, porque não pode haver passagem da potência ao ato sem que haja *um motor já em ato*. Enfim, é preciso a causa final, que é o escopo e a razão do devir. A causa final indica, substancialmente, o sentido positivo de todo devir que, aos olhos de Aristóteles, é fundamentalmente um progredir para a forma e uma realização da

---

7. Cf. *Física*, E 1-2.

8. Cf. *Física*, A 5 ss.; cf. também E 1-2.

forma. Longe de ser entrada no nada, o devir aparece a Aristóteles como a via que leva à plenitude do ser, isto é, a via que as coisas percorrem para atuar-se, para ser plenamente o que são, para realizar a sua essência ou forma (e, nesse sentido, compreende-se bem por que a *physis* aristotélica é, em última análise, essa forma)[9].

A respeito disso deve-se notar que a teleologia aristotélica permanece defeituosa, não pelas limitações que ele expressamente opera em famosas passagens da *Física*[10], mas pela irresoluta aporia metafísica de fundo, pela qual o mundo existe, não por um desígnio do Absoluto, mas por uma espécie de mecânico e fatal anelo de todas as coisas à perfeição, que é intuído e afirmado pelo Estagirita, mas não é rigorosamente justificado. Sobre a razão de fundo do finalismo universal, o último Platão, com a doutrina do Demiurgo no *Timeu*, viu mais profundamente: e, com efeito, ou se admite um Ser que projeta o mundo e o faz ser em função do bem e do melhor, ou o finalismo universal não se sustenta.

3. O espaço e o vazio

Os conceitos de *espaço*, *vazio* e *tempo*[11] ligam-se ao conceito de movimento.

Os objetos não estão no não-ser, que não existe, mas estão em um *onde*, ou seja, em um *lugar*, que é algo existente. E não há dúvida sobre a existência do lugar e, portanto, sobre a sua realidade, se trazemos à mente o fato do deslocamento recíproco dos corpos (no recipiente onde há água, quando esta sai, entra ar, e, em geral, um corpo diferente vem sempre ocupar o lugar antes ocupado por um corpo que é deslocado, substituindo-se a este):

> Assim é claro que o lugar é algo, e a parte do espaço para a qual e a partir da qual verifica-se a mudança dos dois elementos é algo diferente de ambos[12].

---

9. Cf. *Física*, B, em particular os caps. 7-8; ver a este respeito Mansion, *Introduction à la Physique*, pp. 251-281.

10. *Física*, B 4-6. Sobre isso ver Mansion, *Introduction à la Physique*, pp. 292-314.

11. *Física*, Δ, *passim*.

12. *Física*, D 1, 208 b 6-8.

Ademais, a experiência mostra que existe um "lugar natural" ao qual cada um dos elementos tende, quando não encontra obstáculo: fogo e ar tendem para *cima*, terra e água para *baixo*. O *em cima* e o *embaixo* não são algo relativo a nós, mas algo objetivo, são determinações naturais:

O em cima não é qualquer coisa, mas o lugar para onde se dirigem o fogo e o que é leve; e, igualmente, o embaixo não é qualquer coisa, mas o lugar para onde vão as coisas pesadas e feitas de terra [...][13].

Que é, então, o *lugar*? Aristóteles conquista uma primeira caracterização distinguindo o lugar que é comum a muitas coisas e o lugar que é próprio de cada objeto:

O lugar, por uma parte, é aquele comum no qual estão todos os corpos, por outra, é aquele particular no qual imediatamente está um corpo [...], e se o lugar é aquilo que imediatamente contém cada corpo, ele será, então, *certo limite* [...][14].

Ulteriormente, Aristóteles afirma que

[...] o lugar é o que contém o objeto do qual é lugar e não é nada da própria coisa que ele contém[15].

Unindo as duas caracterizações chega-se a que o lugar é

[...] o limite do corpo continente, enquanto este é contíguo ao conteúdo[16].

Por último, Aristóteles esclarece ainda que o *lugar* não deve ser confundido com o *recipiente*: o primeiro é imóvel, enquanto o segundo é móvel; poder-se-ia, em certo sentido, dizer que o lugar é o recipiente imóvel, enquanto o recipiente é um lugar móvel:

E como o vaso é um lugar transportável, assim também o lugar é um vaso que não se pode transportar. Por isso, quando alguma coisa está dentro de outra, move-se e torna-se uma coisa movida, como uma nave num rio, ela serve-se do que a contém como de um vaso mais do que como de um lugar. O lugar, ao invés, é imóvel: por isso, todo o rio é lugar, porque o todo é imóvel. *Portanto, o lugar é o primeiro limite imóvel do continente*[17].

13. *Física*, Δ 1, 208 b 19-21.

14. *Física*, Δ 2, 209 a 31-b 2.

15. *Física*, Δ 4, 210 b 34-211 a 1.

16. *Física*, Δ 4, 212 a 6.

17. *Física*, Δ 4, 212 a 14-21.

Esta definição tornar-se-á famosíssima, e os medievais irão fixá-la na célebre fórmula: *terminus continentis immobilis primus*.

E dessa definição do lugar segue que não é pensável um *lugar fora do universo* nem um lugar no qual esteja o universo:

> Mas se prescindimos de todo o universo, não há qualquer coisa fora do todo, e por isso todas as coisas estão no céu: pois o céu, entende-se, é o todo! O lugar, ao invés, não é o céu, mas, por assim dizer, a extremidade do céu, e é [limite imóvel] contíguo ao corpo móvel: por isso a terra está na água, esta no ar, este, por sua vez, no éter, o éter no céu: *mas o céu não está em outra coisa*[18].

E assim o movimento do céu como totalidade só será possível no sentido da circularidade sobre si mesmo, não havendo lugar para uma translação. Num lugar está — note-se — tudo o que se move (e move-se tendendo a alcançar o seu lugar natural); o que é imóvel não está num lugar: Deus e as outras inteligências motoras não têm, estruturalmente, necessidade do lugar.

Da definição de lugar segue também a impossibilidade do *vazio*. O vazio fora entendido como "lugar no qual não há nada" ou "lugar no qual não há nenhum corpo"[19]. Mas é óbvio que *lugar no qual não há nada*, considerando a definição de lugar como *terminus continentis*, é uma contradição nos termos. E assim exclui-se o pressuposto central sobre o qual os abderianos construíram a doutrina dos átomos e a concepção mecanicista do universo.

4. O tempo

Aristóteles dedicou profundas análises ao conceito de *tempo*, que antecipam alguns conceitos que Sto. Agostinho desenvolverá e tornará célebres[20].

---

18. *Física*, Δ 5, 212 b 16-22.

19. *Física*, Δ 7, 213 b 21 e 33. Eis como Aristóteles explica a origem dessa convicção: "[...] É opinião que o vazio seja um lugar no qual não há nada. E a causa disso está no fato de se crer que o ente seja um corpo e que todo corpo seja um lugar, e que o vazio seja o lugar no qual não há corpo; assim, se num lugar não há um corpo, aí há vazio".

20. À doutrina aristotélica do tempo dedicou um exame exaustivo J. M. Dubois, *Le temps et l'instant selon Aristote*, Paris 1967.

Eis o ponto focal da doutrina aristotélica do tempo:

> Que este [o tempo] não exista absolutamente ou que a sua existência seja obscura e dificilmente controlável, poder-se-ia suspeitar pelo que segue. Uma parte dele foi e não é mais, uma parte está para ser e não é ainda. E de tais partes se compõem, seja o tempo na sua infinidade, seja aquele que gradualmente é assumido por nós. E parece impossível que este, compondo-se de não-entes, possua uma essência. Além disso, é necessário que, se existe um todo divisível em partes, no momento em que ele existe, existam também ou todas as partes ou algumas delas. Do tempo, porém, algumas partes existiram, outras ainda existirão, mas nenhuma existe, embora ele seja divisível em partes. Tenha-se ainda presente que o instante não é uma parte: de fato, a parte tem uma medida, e o todo deve resultar composto de partes, enquanto o tempo não parece ser um conjunto de instantes[21].

Que é, então, o tempo? Aristóteles tenta resolver o mistério em função de dois pontos de referência: o *movimento* e a *alma*: se prescindimos desta ou daquela, a natureza do tempo nos escapa.

Contudo, o tempo não é movimento e mudança, mas implica essencialmente movimento e mudança:

> A existência do tempo [...] não é [...] possível sem a da mudança; quando, de fato, não mudamos nada dentro da nossa alma e não percebemos qualquer mudança, parece-nos que o tempo absolutamente não passou[22].

E dado que o tempo implica tão estreitamente o movimento, pode ser considerado uma afecção ou *propriedade dele*. E que propriedade? O movimento, que é sempre movimento através de um espaço contínuo, é, também ele, por consequência, contínuo. Contínuo deverá ser o tempo, porque a quantidade de tempo transcorrida é sempre proporcional ao movimento. E no contínuo distinguem-se o *antes* e o *depois*, que, consequentemente, têm um correlativo no movimento e, portanto, no tempo:

> Quando determinamos o movimento mediante a distinção do antes e do depois, conhecemos também o tempo, e então dizemos que o tempo cumpre o seu percurso, *quando temos percepção do antes e do depois do movimento*[23].

E eis a célebre definição do tempo:

---

21. *Física*, Δ 10, 217 b 32-218 a 8.
22. *Física*, Δ 11, 218 b 21-23.
23. *Física*, Δ 11, 219 a 22-25.

Tempo é a medida do movimento segundo o antes e o depois[24].

Ora, a percepção do *antes* e do *depois*, e, portanto, da medida do movimento, *necessariamente supõe a alma*:

Quando [...] pensamos as extremidades como diferentes do meio e *a alma sugere-nos que os instantes são dois,* o *antes* e o *depois*, então *nós* dizemos que há entre esses dois instantes um tempo, já que o tempo parece ser o que é determinado pelo instante: e isso fique como fundamento[25].

Mas se a alma é o princípio espiritual que mede e a condição da distinção do numerador e do número, então a alma torna-se *conditio sine qua non* do próprio tempo, e compreende-se bem a aporia que Aristóteles levanta nessa passagem de incomensurável importância histórica:

Poder-se-ia [...] duvidar da existência do tempo, sem a existência da alma. De fato, se não se admite a existência do numerante, é também impossível a do numerável, de modo que, obviamente, nem o número existirá. Número, com efeito, é ou o que foi numerado ou o numerável. *Mas se é verdade que, na natureza das coisas, só a alma ou o intelecto que está na alma têm a capacidade de numerar, torna-se impossível a existência do tempo sem a da alma* [...][26].

Esse pensamento é fortemente antecipador da perspectiva agostiniana e das concepções espiritualistas do tempo, e só recentemente recebeu a atenção que merecia.

Aristóteles, posteriormente, esclareceu que, para medir o tempo necessita-se uma unidade de medida, assim como necessita-se uma unidade de medida para medir qualquer coisa. Esta deve ser buscada no movimento uniforme e perfeito; e dado que o movimento uniforme e perfeito só é o movimento circular, decorre, por consequência, que a unidade de medida é o movimento das esferas e dos corpos celestes[27]. Deus e as inteligências motoras, assim como estão fora do espaço, enquanto imóveis, estão também fora do tempo.

---

24. *Física*, Δ 11, 219 b 1-2: τοῦτο γάρ ἐστιν ὁ χρόνος, ἀριθμὸς κινήσεως κατὰ τὸ πρότερον καὶ ὕστερον.

25. *Física*, Δ 11, 219 a 26-30.

26. *Física*, Δ 14, 223 a 21-26.

27. Para o aprofundamento desses problemas cf. o volume de Dubois, *Le temps et l'instant selon Aristote*, pp. 259 ss.

5. O infinito

Devemos, enfim, falar do conceito de *infinito*[28]. Aristóteles nega a existência de um *infinito em ato*. E quando fala de infinito, entende sobretudo um *corpo infinito*, e os argumentos que aduz contra a existência de um infinito em ato são, justamente, contra a existência de um corpo infinito. O infinito *só existe como potência ou em potência*. Infinito em potência é, por exemplo, o número, porque sempre é possível acrescentar a qualquer número um número ulterior, sem que se chegue a um limite extremo além do qual não se possa ir. Infinito em potência é também o espaço, porque é divisível ao infinito, enquanto o resultado da divisão é sempre uma grandeza que, como tal, é ulteriormente divisível; infinito potencial, enfim, é também o tempo, que não pode existir todo atualmente, mas transcorre e cresce sem fim.

E Aristóteles nem de longe entreviu a ideia de que *o imaterial pudesse ser infinito*, justamente porque ligava o infinito à categoria da quantidade, que só vale para o sensível. E explica-se também que ele terminasse por chancelar definitivamente a ideia pitagórica (e, em geral, própria de quase toda a grecidade), segundo a qual o finito é perfeito e o infinito é imperfeito. Diz Aristóteles numa página paradigmática:

> Infinito é [...] aquilo fora do qual, assumido como quantidade, é sempre possível assumir alguma outra coisa. Aquilo, ao contrário, fora do qual não há nada, é perfeito e inteiro. Assim, com efeito, definimos o inteiro: aquilo ao qual nada falta, por exemplo o homem inteiro e virtuosíssimo. E tal qual é no particular, assim também no mais autêntico significado lógico, isto é, o inteiro é aquilo fora do qual nada há; mas aquilo fora do qual existe alguma coisa que lhe falta, não é o todo, o que quer que lhe falte. Ao invés, o inteiro e o perfeito são ou a mesma coisa em tudo e por tudo ou alguma coisa semelhante por natureza. Mas nada que não tenha um fim é perfeito, e o fim é o limite[29].

Isso faz compreender muito bem a razão pela qual Aristóteles devesse necessariamente negar a Deus a infinitude. Mais do que nunca, depois dessa teorização do infinito como potencialidade e imperfeição, a antiga intuição dos milesianos, de Melisso e de Anaxágoras, que via o Absoluto como infinito, seria obliterada: ela permaneceria excêntrica com

---

28. Cf. *Física*, Γ 4-8.

29. *Física*, Γ 6, 207 a 7-15.

relação ao pensamento de toda a grecidade, e para poder renascer, devia esperar a descoberta de ulteriores horizontes metafísicos.

6. A "quintessência" e a divisão do mundo sublunar e celeste

Aristóteles distinguiu a realidade sensível em duas esferas entre si nitidamente diferenciadas: de um lado, o mundo chamado sublunar e, de outro, o mundo supralunar ou celeste, como já acenamos ao tratar da metafísica. Aqui devemos esclarecer ulteriormente as razões da diferenciação.

O mundo sublunar é caracterizado por todas as formas de mudança, entre as quais predominam a geração e a corrupção. Os céus, ao invés, são caracterizados só pelo movimento local e, precisamente, pelo movimento circular. Nas esferas celestes e nos astros, não pode haver geração nem corrupção, nem alteração, nem aumento, nem diminuição (em todos os tempos, os homens sempre viram o céu assim como nós o vemos: portanto, é a mesma experiência a afirmar que o céu não nasceu e, por isso, é também indestrutível). A diferença entre o mundo supralunar e o sublunar, os quais, contudo, são igualmente sensíveis, está na matéria da qual são constituídos:

> E se existe algo de eternamente movido, nem mesmo isso pode ser movido segundo a potência, senão de um ponto ao outro (como, justamente, movem-se os céus). E nada impede que exista uma matéria própria desse tipo de movimento. Por isso, o sol, os astros e todo o céu estão sempre em ato: e não se deve temer que esses, certo momento, parem, como temem os físicos. Eles também não se cansam de realizar o seu percurso, porque o seu movimento não é, como o das coisas corruptíveis, ligado à potência dos contrários, o que tornaria fatigante a continuidade do movimento[30].

E essa matéria, que é potência dos contrários, é dada pelos quatro elementos (terra, água, ar e fogo), considerados por Aristóteles, contra o eleatizante Empédocles, transformáveis um no outro, justamente para dar razão, mais profundamente do que Empédocles, da geração e da corrupção. Ao invés, a outra matéria, que só possui a potência de passar de um ponto a outro e, portanto, só é suscetível de receber

30. *Metafísica*, Θ 8, 1050 b 20-27.

o movimento local, é o *éter*, chamado assim porque corre sempre (ἀεὶ θεῖν)[31]. Ele foi também denominado "quintessência", porque se acrescenta às quatro essências dos outros elementos (água, ar, terra e fogo)[32]. E enquanto o movimento característico dos quatro elementos é retilíneo (movem-se de cima para baixo os elementos pesados, de baixo para cima os leves), o movimento do éter é, ao invés, circular (o éter não é nem pesado nem leve). O éter é ingênito, incorruptível, não sujeito a crescimento nem alteração, nem a qualquer outra afecção que implique essas mudanças e, por esse motivo, também são incorruptíveis os céus constituídos pelo éter.

Essa doutrina de Aristóteles será depois acolhida pelo pensamento medieval, e só no início da era moderna cairá a distinção entre mundo sublunar e mundo supralunar, junto com o pressuposto sobre o qual se sustentava.

Dissemos no início que a física aristotélica (e também grande parte da sua cosmologia) é, na verdade, uma metafísica do sensível e, portanto, não se admirará o leitor de que a *Física* seja repleta de considerações metafísicas e, até mesmo, que culmine com a demonstração da existência de um primeiro Motor imóvel: convencido radicalmente de que "se não existisse o eterno, não existiria tampouco o devir"[33], o Estagirita coroou as suas pesquisas físicas demonstrando exatamente a existência desse princípio. Mais uma vez manifesta-se como absolutamente determinante o êxito da "segunda navegação" platônica[34].

---

31. Cf. *Do Céu*, A 3, 270 b 16 ss. Nesta passagem, depois de ter dito que o éter "não aumenta nem diminui e não está sujeito ao envelhecimento e a outras afecções", Aristóteles afirma, entre outras coisas: "E também o seu nome [i.é. éter], parece ter sido transmitido dos antigos até os nossos dias, concebendo-o eles do modo como também nós o dizemos [...]. Por isso, considerando o corpo primeiro como uma substância diferente da terra, do fogo, do ar e da água, eles chamaram éter (αἰθήρ) o lugar excelso, e deram esse nome porque ele corre sempre (ἀεὶ θεῖν) na eternidade do tempo". Cf. também *Meteorol.*, A 3, 339 b 16 ss.

32. Deve-se notar que se tal denominação está ausente nos esotéricos, já está presente nos exotéricos; ademais já se encontra no *Epínomis* (diálogo atribuído a Platão), 981 c. Sobre o problema ver: Reale, *Aristotele, Trattato sul cosmo*, pp. 102 ss.

33. *Metafísica*, B 4, 999 b 5 s.; cf. *Física*, Q, *passim*.

34. Uma nova (embora por muitos aspectos discutível) interpretação da física aristotélica foi dada recentemente por W. Wieland, *Die aristotelische Physik*, Göttingen 1962. Indicamos esta obra como estimulante antítese da nossa exegese.

III. A PSICOLOGIA

1. O conceito aristotélico de alma

A física aristotélica não indaga somente sobre a natureza em geral e sobre os seus princípios, sobre o universo físico e a sua estrutura, mas também sobre os seres que estão no universo, os inanimados, os animados desprovidos de razão e os seres animados dotados de razão (o homem). Aos seres animados o Estagirita dedica particular atenção, compondo uma ingente quantidade de tratados, entre os quais se destaca — pela profundidade, originalidade e valor especulativo — o célebre tratado *Sobre a alma*[1], que examinaremos agora (a maior parte dos outros tratados contém doutrinas que interessam mais à história da ciência e não à história da filosofia)[2].

Os seres animados diferenciam-se dos seres inanimados porque *possuem um princípio que lhes dá a vida*, e esse princípio é *a alma*. Mas que é a alma?

Para responder a esta pergunta, Aristóteles remete-se à sua concepção metafísica hilemórfica da realidade. Todas as coisas em geral são *compostos* de *matéria* e *forma*, sendo a matéria, *potência*, e a forma, *enteléquia ou ato*. Isso vale, naturalmente, também para os seres vivos. Ora, observa o Estagirita, os corpos vivos *têm* vida, mas *não são* vida e, portanto, são como o substrato material e potencial do qual a alma é forma e ato. Escreve Aristóteles:

---

1. Para uma leitura aprofundada desta obra indicamos: F. A. Trendelenburg, *Aristotelis De anima libri tres*, Berlim 1877[2] (cujo comentário permanece fundamental; foi reimpresso em Graz em 1957); G. Rodier, *Aristote, Traité de l'âme*, Paris 1900; J. Tricot, *Aristote, De l'âme*, Paris 1947; D. Ross, *Aristotle, De Anima*, Oxford 1961; G. Movia, *Aristotele, L'anima*, Nápoles 1979.

2. Estes tratados estão agora disponíveis em duas traduções italianas: Aristotele, *Opere biologiche*, organizado por D. Lanza e M. Vegetti, UTET, Turim 1971, e Aristotele, *Piccoli trattati di storia naturale*, organizado por R. Laurenti, in Aristotele, *Opere*, Laterza, Bari 1973.

> É necessário, pois, que a alma seja substância como forma de um corpo físico que tem a vida em potência. Mas a substância como forma é *enteléquia* [= ato]. A alma, portanto, é *enteléquia* de tal corpo[3].

> Portanto, a alma é *enteléquia* primeira (ἐντελέχεια ἡ πρώτη) de um corpo físico que tem a vida em potência[4].

> Se devemos dar uma definição que seja válida para toda alma, será preciso dizer que ela é a *enteléquia* primeira de um corpo natural orgânico[5].

É claro, a partir dessa simples definição, que a *psyché* aristotélica distingue-se da *psyché* dos pré-socráticos, porque esta era identificada em geral com o princípio físico ou, pelo menos, reduzida a um aspecto deste, e também relativamente à *psyché* platônica, dualisticamente contraposta ao corpo, a ponto de ser vista como totalmente diferente do corpo e incapaz de conciliação harmônica com ele, uma vez que o corpo era visto como cárcere e lugar de expiação da alma. (Depois do *Fédon*, Platão entenderá a alma como princípio de movimento, matizando, mas não superando totalmente a sua posição original). Aristóteles toma uma posição intermediária, unificando os dois pontos de vista anteriores e tentando uma síntese mediadora, como sempre tenta fazer na solução de todos os problemas especulativos. Têm razão os pré-socráticos ao ver a alma como algo intrinsecamente unido ao corpo, mas tem razão Platão ao ver nela uma natureza ideal: não se trata, porém, de uma realidade separada e inconciliável com o corpo, mas trata-se da forma, do ato ou da *enteléquia* do corpo: trata-se daquele princípio inteligível que, estruturando o corpo, o faz ser aquilo que deve ser. Com isso salva-se *a unidade do ser vivo.*

Mas a substancial descoberta platônica da transcendência, assim como se salva na metafísica com a doutrina do Motor Imóvel, também não se perde na psicologia, pois Aristóteles não considera a alma como *absolutamente imanente*. O pensar puro, a especulação que leva a conhecer o imaterial e o eterno, que leva o homem, embora por breves momentos, quase a uma tangência com o divino, *só pode,*

---

3. *Da alma*, B 1, 412 a 19-22.
4. *Da alma*, B 1, 412 a 27-28.
5. *Da alma*, B 1, 412 b 4-6.

evidentemente, ser a prerrogativa de algo em nós que é congênere ou afim ao conhecido, como Platão demonstrou definitivamente no Fédon. E assim Aristóteles, embora a preço de aporias deixadas sem solução, não hesita em afirmar a necessidade de que uma parte da alma seja "separável" do corpo. Eis as passagens mais significativas a respeito:

> Não há dúvida de que a alma não é separável do corpo ou, pelo menos, não o são algumas de suas partes, se ela é por natureza divisível: de fato, a *enteléquia* de algumas de suas partes é a *enteléquia* das correspondentes partes do corpo. Mas nada impede que pelo menos algumas outras partes sejam separáveis, pelo fato de não serem *enteléquia* de nenhum corpo[6].

> Com relação ao intelecto e à faculdade especulativa, nada, em certo sentido, é claro. Parece, antes, que se trata de *um gênero de alma diferente e que este só pode ser separado do corpo como o eterno do corruptível.* Ao invés, as outras partes da alma [...] é claro que não são separáveis[7].

Também na *Metafísica* afirma-se com toda clareza:

> Se, pois, permanece algo também depois [da corrupção], é problema que ainda deve ser examinado. Para alguns seres nada o impede: por exemplo, para a alma, não toda a alma, mas só a intelectiva; toda ela seria impossível[8].

Como se vê, os resultados da "segunda navegação" encontram aqui ulterior e plena confirmação.

2. A tripartição da alma

Para compreender a fundo o sentido dessas afirmações, devemos primeiro examinar a doutrina geral da alma, e o sentido da célebre tríplice distinção das "partes" ou "funções" da alma. Platão, a partir da *República*, falara de três partes ou funções da *psyché*, distinguindo uma alma *concupiscível*, uma *irascível* e uma *intelectiva*; mas tal tripartição, nascida fundamentalmente da análise do comportamento ético do homem e introduzida para explicá-lo, tem muito pouco em

---

6. *Da alma*, B 1, 413 a 4-7.
7. *Da alma*, B 2, 413 b 24-29.
8. *Metafísica*, Λ 3, 1070 a 24-26.

comum com a tripartição aristotélica, que nasceu, ao invés, da análise geral dos seres vivos e das suas funções essenciais e, portanto, no terreno biológico, além do psicológico. Porque os fenômenos da vida — assim raciocina Aristóteles — supõem determinadas operações constantes, nitidamente diferenciadas (a ponto de algumas dessas poderem subsistir em alguns seres sem que neles subsistam também as outras), a alma, que é princípio de vida, deve também ter capacidades ou funções ou partes que presidem e regulam essas operações. E dado que os fenômenos e as funções fundamentais da vida são: *a*) de caráter vegetativo, como nascimento, nutrição, crescimento, *b*) de caráter sensitivo-motor, como sensação e movimento, *c*) de caráter intelectivo, como conhecimento, deliberação e escolha; então, pelas razões acima esclarecidas, Aristóteles introduz a distinção de *a*) alma *vegetativa*, *b*) alma *sensitiva* e *c*) alma intelectiva ou *racional*. Escreve o Estagirita:

> As faculdades da alma das quais falamos encontram-se [...] todas em alguns seres, só algumas em outros, uma só em outros[9].

Ora, as plantas possuem só a alma vegetativa, os animais a vegetativa e a sensitiva, os homens a vegetativa, a sensitiva e a racional. Para possuir a alma racional o homem deve possuir as outras duas e, assim, para possuir a alma sensitiva o animal deve possuir a vegetativa; ao invés, é possível possuir a alma vegetativa sem as outras.

> É claro que a noção de alma é como uma noção de figura: de fato, em geometria não existe uma figura além do triângulo e das outras figuras que a ele seguem, nem, em nosso caso, há uma alma além das que indicamos. Poder-se-ia formular para as figuras uma definição comum, que valerá para todas, mas não será própria de nenhuma figura específica. O mesmo diga-se para as almas das quais falamos. Por isso é ridículo buscar uma definição comum (seja para este, seja para os outros objetos), que não será definição própria de nenhum, e não fazer referência à espécie própria e indivisível, deixando de lado uma definição desse tipo. (Dá-se com a alma o que se dá com as figuras: de fato, no subsequente está sempre contido em potência o antecedente, seja no âmbito das figuras, seja no âmbito dos seres animados: por exemplo, no quadrado está contido o triângulo, na alma sensitiva está contida a nutritiva). Por consequência, é preciso buscar em particular qual é

9. *Da alma*, B 3, 414 a 29-31.

a alma de cada um [i.é. dos diferentes tipos de seres vivos], qual a alma da planta, qual a do animal ou a do homem. Devem-se, depois, examinar também as razões pelas quais as almas têm essa ordem de sucessão: com efeito, sem a faculdade nutritiva não existe a sensitiva, enquanto a faculdade nutritiva existe separada da sensitiva nas plantas. Ademais, sem o tato não subsiste nenhuma das outras sensações, enquanto o tato existe sem as outras sensações: de fato, muitos animais não possuem nem visão, nem audição, nem olfato. E entre os seres que têm sensibilidade, alguns têm faculdade de locomoção, outros não; enfim, pouquíssimos têm faculdade de raciocinar e pensar. Entre os seres corruptíveis, os que têm faculdade de raciocinar têm também todas as outras faculdades; ao invés, nem todos os que possuem uma dessas faculdades têm a faculdade de raciocinar, e, antes, alguns não têm nem mesmo a imaginação, enquanto outros vivem só com esta. *Com relação ao intelecto especulativo a questão é diferente*[10].

Entre as três almas, há mais distinção que separação. "[...] a divisão que a alma admite — escreve Ross — não é em partes qualitativamente diferentes, mas em partes nas quais existem a qualidade do todo. A alma, de fato, embora Aristóteles não o diga, é homogênea, como um tecido e não como um órgão. E embora use amiúde a tradicional expressão 'partes da alma', a palavra que prefere é 'faculdade'"[11].

Esta observação é exata e, ademais, como veremos, esclarece algumas coisas, acentua o caráter aporético de outras: em particular, torna aporética a relação da alma intelectiva com as outras. De resto, na passagem lida, é o próprio Aristóteles a sublinhar que para o intelecto especulativo a questão é diferente.

Vejamos particularmente as três funções da alma.

3. A alma vegetativa

A alma vegetativa é o princípio mais elementar da vida. Dado que os fenômenos mais elementares da vida são a geração, a nutrição e o crescimento, a alma vegetativa é princípio que governa a geração, a nutrição e o crescimento. Assim é nitidamente superada a explica-

10. *Da alma*, B 3, 414 b 20-415 a 12.

11. Ross, *Aristotele*, p. 198.

ção dos processos vitais dada pelos naturalistas. Causa do crescimento não são nem o fogo, nem o calor, nem um gênero de matéria: o fogo e o calor são, no máximo, cocausas, não a verdadeira causa. Em todo processo de nutrição e de crescimento está presente uma espécie de regra que proporciona grandeza e aumento, que o fogo por si não pode produzir e que, portanto, seria inexplicável sem algo além do fogo, isto é, sem a alma. E assim também o fenômeno da nutrição, por consequência, deixa de ser explicado como mecânico jogo de relações entre elementos semelhantes (como alguns sustentavam), ou entre certos elementos contrários: a nutrição é a assimilação do dessemelhante, sempre tornada possível pela alma mediante o calor:

> Porque existem três fatores — o que é nutrido, o de que se nutre e o que nutre —, o que nutre é a alma, o que é nutrido é o corpo que a possui, o de que este é nutrido é a nutrição[12].

Enfim, a alma vegetativa preside à reprodução, que é o escopo de toda forma de vida finita no tempo. De fato, toda forma de vida, mesmo a mais elementar, é feita para a eternidade e não para a morte.

Escreve Aristóteles:

> A operação que para os seres vivos é a mais natural de todas (para os seres vivos que são perfeitamente desenvolvidos, não têm defeitos e não têm uma geração espontânea) é a de produzir um outro ser igual a si: um animal, outro animal, uma planta, outra planta, com a finalidade de participar, quanto possível, do eterno e do divino: de fato, é ao que todos aspiram e é o fim pelo qual cumprem tudo o que cumprem por natureza [...]. Dado, portanto, que os seres vivos não podem participar do eterno e do divino continuamente, pelo fato de nenhum dos seres corruptíveis poder permanecer idêntico e numericamente uno, então, cada um participa dele na medida em que é possível participar, uns mais e outros menos, e permanece, não ele, mas um outro semelhante a ele, uno, não numericamente, mas pela espécie[13].

Mesmo o mais modesto dos vegetais, reproduzindo-se, busca o eterno, e a alma vegetativa é princípio que, no mais baixo nível, torna possível esse perpetuar-se eternamente.

---

12. *Da alma*, B 4, 416 b 20-23.

13. *Da alma*, B 4, 415 a 26-b 7.

4. A alma sensitiva

Os animais, além das funções examinadas no parágrafo precedente, possuem *sensações, apetites* e *movimento.* Será preciso admitir um princípio ulterior que presida a estas funções, e este é, justamente, a *alma sensitiva.*

Comecemos pela primeira função da alma sensitiva, isto é, pela *sensação*, que, em certo sentido, entre as tês acima distinguidas, é a mais importante e, certamente, a mais característica.

Alguns predecessores explicaram a sensação como uma afecção ou paixão, ou alteração que o semelhante sofre por obra do semelhante (ver, por exemplo, Empédocles e Demócrito), outros como uma ação que o semelhante sofre por obra do dessemelhante. Aristóteles parte dessas tentativas, mas vai muito além. A chave para interpretar a sensação é buscada mais uma vez *na doutrina metafísica da potência e do ato.* Temos faculdades sensitivas que não estão em ato, mas em potência, isto é, *capazes* de receber sensações. Estas são como o combustível, que não queima senão em contato com o comburente. Assim a faculdade sensitiva, de simples capacidade de sentir, torna-se sentir em ato ao contato com o objeto sensível:

> Todas as coisas padecem e são movidas por um agente que é em ato. Por isso, de um lado, é possível que padeçam por obra do semelhante e, por outro, é possível que padeçam também por obra do dessemelhante, como se disse: de fato, padece o dessemelhante, mas, depois de ter padecido, é semelhante[14].

> A faculdade sensitiva é, em potência, o que o sensível já é em ato, como se disse. Aquela, portanto, padece enquanto não é semelhante, mas, tendo padecido, torna-se semelhante e é como ele[15].

É, portanto, exata a exegese proposta por Ross: "A sensação não é uma alteração do tipo de uma simples substituição de um estado pelo seu oposto, mas do tipo de uma realização de potência, de um avanço de algo 'em direção de si mesmo e da atualidade'"[16].

---

14. *Da alma*, B 5, 417 a 17-20.

15. *Da alma*, B 5, 418 a 3-6.

16. Ross, *Aristotele*, p. 202; cf. *Da alma*, B 5, 417 b 6 ss.

Mas — perguntar-se-á — que significa ser a sensação um *fazer-se semelhante* ao sensível? Não se trata, evidentemente, de um processo de assimilação do tipo do que acontece com a nutrição; na assimilação da nutrição, com efeito, é assimilada também a matéria. Ao invés, na sensação é assimilada somente a forma. Escreve expressamente Aristóteles:

Em geral, para cada sensação, é preciso ter presente que *o sentido é o que tem capacidade de receber as formas sensíveis sem a matéria*, como a cera recebe a marca do anel sem o ferro ou o ouro, portanto, recebe a marca do ouro ou do ferro, mas não enquanto ouro ou ferro. De modo semelhante, o sentido padece por obra de algum ente que tem calor ou sabor, ou som, mas não enquanto cada um destes entes é dito tal coisa particular, mas enquanto ele tem determinada qualidade, e em virtude da forma[17].

O Estagirita passa, em seguida, em exame os cinco sentidos e os sensíveis que são próprios a cada um desses sentidos. Quando um sentido capta o *sensível próprio*, a relativa sensação é infalível. Além dos sensíveis próprios, existem também os *sensíveis comuns*, como, por exemplo, *movimento, quietude, figura, grandeza*, os quais não são percebidos por nenhum dos cinco sentidos em particular, mas podem ser percebidos por todos:

Na verdade não pode haver um órgão sensorial próprio dos sentidos comuns, dos quais temos percepção mediante cada um dos sentidos por acidente: refiro-me ao movimento, à quietude, à figura, à grandeza, ao número e à unidade. Todas essas coisas nós as apreendemos do seguinte modo: a grandeza, mediante o movimento (e, por consequência, também a figura, pois, de fato, a figura é uma grandeza), o que está parado, mediante a falta de movimento, o número mediante a negação de continuidade e mediante os sensíveis próprios (de fato, todo sentido percebe um único sensível), de modo que é evidente que não pode haver um sentido próprio para qualquer uma dessas coisas [...][18].

Tendo presentes essas particularizações, pode-se falar de um "sentido comum" (e Aristóteles, com efeito, fala), que é como um sentido não específico ou, melhor ainda, é o sentido que age de maneira não específica. Em primeiro lugar, justamente na passagem lida, vê-se

17. *Da alma*, B 12, 424 a 17-24. (Para um aprofundamento deste ponto cf. Trendelenburg, *Aristoteles De Anima*, pp. 337 ss.).

18. *Da alma*, Γ 1, 425 a 14-20.

bem que a sensação capta de modo específico os sensíveis comuns. Ademais, pode-se, indubitavelmente, falar de sentido comum a propósito do sentido de sentir ou da percepção do sentir, ou ainda quando distinguimos ou comparamos os sensíveis uns com os outros.

Com base nessas distinções, Aristóteles estabelece que os sentidos são infalíveis quando colhem os objetos que lhes são próprios, mas o são só nesse caso. Eis a passagem célebre que formula essa doutrina:

> A percepção dos sensíveis próprios é verdadeira, ou comporta um erro mínimo. Em segundo lugar, vem a percepção do objeto ao qual são inerentes essas qualidades sensíveis: nesse caso já é possível enganar-se. De fato, não nos enganamos sobre o fato de que o sensível seja branco, mas em determinar se o branco é esta ou aquela coisa. Em terceiro lugar, vem a percepção dos sensíveis comuns [...] por exemplo, o movimento e a grandeza; é sobretudo sobre estes que o sentido pode enganar-se[19].

Da sensação derivam a *fantasia*, que é produção de imagens, e a *memória*, que é conservação das mesmas (e do acúmulo de fatos mnemônicos deriva ulteriormente a *experiência*).

As outras duas funções da alma sensitiva mencionadas no início do parágrafo são o *apetite* e o *movimento*. O apetite nasce em consequência da sensação:

> As plantas têm só a faculdade nutritiva, outros seres, ao invés, além desta, também a sensitiva. Mas se têm a sensitiva, têm também a apetitiva; de fato, o apetite é desejo, ardor e vontade, e todos os animais têm pelo menos um sentido, ou seja, o tato; mas quem tem sensação, sente prazer e dor, o aprazível e o doloroso, e quem os experimenta tem também desejo: efetivamente, o desejo é apetite do aprazível[20].

O movimento dos seres vivos, enfim, deriva do desejo: "O motor é único: a faculdade apetitiva"[21], e, precisamente, o desejo, que é "uma espécie de apetite"[22]. E o desejo é posto em movimento pelo objeto desejado, que o animal capta mediante sensações ou do qual, em todo caso, tem representação sensível. Apetite e movimento dependem, pois, estritamente da sensação.

---

19. *Da alma*, Γ 3, 428 b 18-25.
20. *Da alma*, B 3, 414 a 32-b 6.
21. *Da alma*, Γ 10, 433 a 21.
22. *Da alma*, Γ 10, 433 a 25-26.

5. A alma racional

Assim como a sensibilidade não é redutível à simples vida vegetativa e ao princípio da nutrição, mas contém um *mais*, que não se pode explicar se não se introduz o princípio ulterior da alma sensitiva, o pensamento e as operações a ele ligadas, como a escolha racional, são irredutíveis à vida sensitiva e à sensibilidade, mas contêm um *mais*, que não se explica senão pela introdução de um princípio ulterior: *a alma racional*. Dessa devemos agora falar.

O ato intelectivo é análogo ao ato perceptivo, enquanto recepção ou assimilação das formas inteligíveis, como o ato perceptivo era um assimilar a forma sensível. Mas o ato intelectivo é profundamente diverso do perceptivo, porque não é misturado ao corpo e ao corpóreo. E eis como Aristóteles caracteriza o intelecto, numa das mais elevadas páginas que saíram da sua pena, na qual a antiga intuição de Anaxágoras toma forma definitiva graças às categorias adquiridas com a "segunda navegação", e é, consequentemente, firmada como conquista irreversível:

Sobre a parte da alma, com a qual ela conhece e pensa — seja essa algo separado ou não separável espacialmente, mas só idealmente — é preciso ver as características que ela possui, e como se produz o pensar. Ora, se o pensar é como o sentir, deve ser um padecer algo da parte do pensado, ou alguma outra coisa do gênero. Mas então, a rigor, ele não deve padecer nada, mas apenas acolher a forma, e tornar-se em potência semelhante à coisa, mas não de fato a própria coisa: em suma, a relação do pensar ao pensado deve ser semelhante à do senciente ao sentido. É preciso, por consequência, que o intelecto, enquanto pensa tudo, seja privado de qualquer mistura, exatamente como Anaxágoras diz que deve ser, a fim de que possa 'dominar', o que significa: a fim de que possa conhecer. Qualquer coisa estranha que se apresentasse no meio, oporia, de fato, uma espécie de obstáculo e um impedimento: portanto, o intelecto não pode ter nenhuma natureza, exceto, justamente, esta, de ser potencialidade. Portanto, aquilo que na alma chamamos *Nous* (e entendo, com este nome, aquilo com que a alma pensa e opina) não é, em ato, nenhuma das realidades existentes, antes do seu efetivo pensar. E por isso não á razoável que ele seja misturado ao corpo: porque logo adquiriria certa qualidade, e seria frio ou quente, ou seria um instrumento de certa espécie, como é o órgão do sentido. Ora, ao contrário, não é nada disso. E têm razão aqueles que dizem que a alma é o lugar das formas ideais: salvo que isso não pode ser dito de toda a alma, mas só da alma pensante, e que as formas ideais aí não existem em ato, mas só em potência. E é claro que a imunidade a padecer ações não é igual no caso da faculdade inteligente e da senciente, se considerarmos os órgãos do sentido e a própria sensação. Se, de fato, no que é percebido sensivelmente, a perceptibilidade é muito intensa, o sentido não pode sentir: assim, os sons demasiado fortes não são distintos, e o mesmo vale para as cores demasiado luminosas, e para os odores muito violentos. Mas quando o intelecto pensa um pensamento que está no mais alto grau da pensabilidade, não por isso ele tem menos capacidade de pensar as coisas menores, antes, tem mais. Pois o órgão do sentido não existe sem o corpo, enquanto a inteligência existe por si. E quando, desse modo, a inteligência torna-se todas as coisas, tal como acontece com o que é chamado sábio, quando transforma a sua capacidade em ato (e isso acontece quando esse seu atuar-se só depende dele), também aí ela é, de certo modo, em potência, embora não no mesmo sentido em que o era antes de ter aprendido e descoberto. Assim o intelecto pode pensar por si próprio[23].

Também o conhecimento intelectivo, assim como o perceptivo, é explicado por Aristóteles em função das categorias metafísicas de *potência e ato*. A inteligência é, por si, *capacidade* e *potência* de conhecer as puras formas; por sua vez, as formas são contidas em potência nas sensações e nas imagens da fantasia; é preciso algo que traduza em ato essa dupla potencialidade, de modo que o pensamento se atualize captando em ato a forma, e a forma contida na imagem torne-se conceito em ato, captado e possuído.

Desse modo surgiu aquela distinção que se tornou fonte de inumeráveis problemas e discussões, seja na Antiguidade, seja na Idade Média, entre *intelecto potencial* e *intelecto atual*, ou, para usar a terminologia que se tornará técnica (mas que não está em Aristóteles senão potencialmente), entre *intelecto possível* e *intelecto ativo*. Leiamos a página que contém essa distinção, pois ela permanecerá por séculos como um constante ponto de referência:

E porque em toda a natureza há algo que é matéria e é próprio de cada gênero de coisas (e isso é o que todas as coisas são em potência), e algo que é causa eficiente, enquanto produz todas, como faz, por exemplo, a arte com a matéria, é necessário que *também na alma* existam essas diferenciações. E há, pois, um intelecto potencial, enquanto se torna todas as coisas, e, um intelecto agente, enquanto produz todas, que é como um estado semelhante à luz: de fato, também a luz, em certo sentido, torna as cores em potência,

23. *Da alma*, Γ 4, 429 a 10-b 10.

cores em ato. E esse intelecto é separado, impassível e não misturado, e intacto pela sua essência: de fato, o agente é sempre superior ao paciente e o princípio é superior à matéria [...]. *Separado* [i.é. da matéria], *só ele, justamente, é o que é, e só ele é imortal e eterno* [...][24].

Duas afirmações devem ser postas em relevo. Em primeiro lugar, a comparação com a luz: como as cores não seriam visíveis e a vista não as poderia ver se não existisse a luz, assim as formas inteligíveis contidas nas imagens sensíveis permaneceriam nelas em estado potencial, e o intelecto potencial não poderia, por sua vez, captá-las em ato, se não existisse uma espécie de *luz inteligível*, que permitisse ao intelecto "ver" o inteligível, e a este, ser visto *em ato*. Trata-se de uma imagem, e, note-se, essa imagem é a mesma com a qual Platão representou a suprema Ideia do Bem: mas, para explicar a mais elevada das faculdades humanas, Aristóteles não podia dispor senão de uma analogia, justamente porque tal faculdade é irredutível a qualquer coisa ulterior e representa um limite insuperável.

A outra afirmação é que esse intelecto ativo está "na alma". Caem, pois, as interpretações sustentadas pelos antigos, segundo as quais o intelecto agente é Deus (ou, pelo menos, um Intelecto divino separado), o qual, entre outras coisas, como vimos anteriormente, tem características estruturalmente inconciliáveis com as do intelecto agente. E é verdade que Aristóteles afirma que "o intelecto *vem de fora* e só ele é divino"[25], enquanto as faculdades inferiores da alma já estão em potência no germe masculino e, através dele, passam para o novo organismo que se forma no seio materno; mas é igualmente verdade que, mesmo vindo "de fora", ele permanece na alma (ἐν τῇ ψυχῇ)[26] por toda a vida do homem. A afirmação de que o intelecto *vem de fora* significa que ele é irredutível ao corpo por sua intrínseca natureza, e é transcendente ao sensível. Significa que em nós há uma dimensão metaempírica, suprafísica e espiritual. E isso é o divino em nós.

Mas se o intelecto agente não é Deus, ele reflete as características do divino e, sobretudo, a sua absoluta impassibilidade:

24. *Da alma*, Γ 5, 430 a 10-23.

25. *A geração dos animais*, Γ 3, 736 b 27-28.

26. *Da alma*, Γ 5, 430 a 13.

Mas o intelecto parece que é em nós como uma realidade substancial que não se corrompe. De fato, se se corrompesse, deveria corromper-se pelo enfraquecimento da velhice. Ora, acontece, ao contrário, o mesmo que com os órgãos sensoriais: se um velho recebesse um olho adequado, veria da mesma maneira que um jovem. Portanto, a velhice não é devida a uma afecção que a alma padece, mas ao sujeito no qual a alma se encontra, como se passa nos estados de embriaguez e nas enfermidades. A atividade do pensar e do especular enfraquece quando uma outra parte no interior do corpo se desgasta, *mas ela é por si impassível* (ἀπαθές). O raciocinar, o amar e o odiar não são afecções do intelecto, mas do sujeito que possui o intelecto, justamente enquanto possui o intelecto. Por isso, uma vez que esse sujeito tenha perecido, não recorda e não ama: com efeito, recordar e amar não são próprios do intelecto, mas do composto que pereceu e o intelecto é, certamente, algo mais divino e impassível[27].

Do mesmo modo que na *Metafísica*, uma vez conquistado o conceito de Deus com as características que vimos, Aristóteles não pôde resolver as numerosas aporias que aquela conquista comportava, também aqui, tendo adquirido o conceito do espírito que está em nós, não pôde resolver as numerosas aporias que se lhe seguiam.

Esse intelecto é individual? Como pode "vir de fora"? E que relação tem com a nossa individualidade e com o nosso eu? E que relação tem com o nosso comportamento moral? Está completamente subtraído a qualquer destino escatológico? E que sentido tem a sua sobrevivência ao corpo?

Algumas dessas interrogações não foram sequer levantadas por Aristóteles, e estariam destinadas, de qualquer modo, a não ter estruturalmente resposta: para serem tematizadas e, sobretudo, para serem adequadamente resolvidas, exigiriam a aquisição do conceito de criação, que, como sabemos, é estranho não só a Aristóteles, mas a toda a grecidade.

Aos problemas escatológicos, como vimos, Aristóteles dedicou a sua atenção nas obras juvenis. Nas obras esotéricas, ao invés, ele deixou de lado o componente místico-religioso (que nos escritos juvenis emprestara de Platão), e, junto com essa, também aqueles problemas. Trata-se, com efeito, de problemas que a razão sozinha não sabe resolver e aos quais só uma fé religiosa pode responder plenamente.

---

27. *Da alma*, A 4, 408 b 18-29.

IV. A MATEMÁTICA

Às ciências matemáticas Aristóteles não dedicou especial atenção. Ele nutria por elas interesses muito inferiores aos de Platão, o qual, das matemáticas, fez quase uma via de acesso obrigatória à metafísica das Ideias, e sobre o portal da Academia mandara escrever: "Não entre quem não for geômetra". Todavia, o Estagirita, também nesse âmbito, soube dar a sua contribuição peculiar e relevante ao determinar, pela primeira vez de modo correto, o *estatuto ontológico dos objetos dos quais se ocupam as ciências matemáticas*. Essa contribuição merece ser recordada de maneira precisa.

Platão e muitos platônicos entenderam os números e os objetos matemáticos em geral como *entidades ideais separadas das entidades sensíveis*. Outros platônicos buscaram mitigar essa árdua concepção, imanentizando os objetos matemáticos nas coisas sensíveis, mantendo firme a convicção de que são realidades inteligíveis distintas das sensíveis. Aristóteles refuta essas duas concepções, julgando-as absurdas e, portanto, absolutamente inaceitáveis[1].

Que são, então, os números e os entes matemático-geométricos, se não são entes inteligíveis dotados de subsistência própria?

Eis a solução aristotélica: os objetos matemáticos não são nem entidades reais, nem, muito menos, algo irreal. Eles subsistem potencialmente nas coisas sensíveis e a nossa razão *separa-os* mediante a abstração. Eles são *entes de razão*, que, em ato, só subsistem na nossa mente, em virtude da nossa capacidade de abstração (ou seja, só subsistem como "separados" na e pela mente), e, em potência subsistem nas coisas como sua propriedade[2].

Expliquemos melhor. As coisas sensíveis têm múltiplas propriedades e determinações. Podemos considerar todas essas propriedades, mas também podemos dirigir a mente só a algumas delas prescindindo das outras.

Assim, por exemplo, só podemos considerar as coisas sensíveis enquanto têm a característica de estar *em movimento*, prescindindo de todo o resto; mas nem por isso é necessário que exista o movimento

---

1. Cf. *Metafísica*, M 2, *passim*.

2. Cf. *Metafísica*, M 3, 1078 a 25 ss.

como realidade em si e por si, separada do resto: basta, justamente, a nossa faculdade de abstrair e a capacidade que a nossa mente tem de considerar aquelas características das coisas sensíveis prescindindo de todas as outras.

Analogamente, seguindo esse procedimento, podemos prescindir também do movimento, e podemos considerar as coisas sensíveis *somente enquanto corpos de três dimensões*. E depois, podemos ainda, avançando no processo de abstração, considerar as coisas só *segundo duas dimensões, isto é, como superfície*, prescindindo de todo o resto. Ulteriormente podemos considerar as coisas *só como comprimento* e, depois, como *unidade indivisível*, tendo, porém, posição no espaço, ou seja, *só como pontos*. Enfim, podemos considerar as coisas também como *unidades puras*, ou seja, como entidades indivisíveis e sem posição espacial, isto é, como *unidades numéricas*.

Por consequência, os objetos da geometria e da aritmética *têm o seu fundamento nas características das coisas sensíveis*, e, portanto, existem como afecções das coisas. Mas tal como os consideram os geômetras e os matemáticos, *só existem por via de abstração*.

Eis o texto mais significativo a respeito disso:

Portanto, dado que se pode dizer em geral e com verdade que não só as coisas *separadas* existem, mas que também as coisas *não separadas* existem (por exemplo, pode-se dizer que *o móvel* existe), assim poder-se-á dizer, em geral e com verdade, também que os objetos matemáticos existem, justamente, com as características das quais falam os matemáticos. E como pode-se dizer, em geral e com verdade, que também as outras ciências dizem respeito não ao que é acidente dos seus objetos (por exemplo, não o branco, se este é sadio e se a ciência em questão tem por objeto o sadio), mas dizem respeito ao objeto que é peculiar a cada uma delas (por exemplo o sadio, se a ciência em questão tem por objeto o sadio; e o homem, se a ciência em questão tem por objeto o homem), *assim dever-se-á dizer também para a geometria*: embora os objetos dos quais ela trata tenham as características dos seres sensíveis, *ela não os considera enquanto sensíveis*. Assim as ciências matemáticas *não serão ciências de coisas sensíveis, nem serão tampouco ciências de outros objetos separados dos sensíveis*. Muitos atributos competem por si às coisas, enquanto cada um desses atributos é inerente a elas: existem, por exemplo, características peculiares aos animais *enquanto fêmea*, ou *enquanto macho*, embora não existam uma fêmea ou um macho separados dos animais. Portanto, existirão também *características peculiares às coisas consideradas somente quanto ao comprimento e à superfície* [...]. O raciocínio feito acima valerá também para a harmonia e para a ótica: de fato, nem uma nem a outra consideram o próprio objeto como vista e como som, mas *consideram-no enquanto linhas e enquanto números*: estas, com efeito, são propriedades peculiares daquelas. A mesma coisa diga-se da mecânica[3].

Foi exatamente essa interpretação dos objetos matemáticos como abstrações da mente que permitiu a Aristóteles permanecer imune ao matematismo, no qual arriscou-se a cair o último Platão, e desenvolver o aspecto eidético da ontologia platônica, como vimos. E foi essa mesma interpretação que lhe permitiu captar perfeitamente o erro de fundo do pan-matematismo no qual caíram, como veremos, alguns acadêmicos, dissolvendo nele grande parte das conquistas da "segunda navegação"[4].

3. *Metafísica*, M 3, 1077 b 31 ss.

4. Sobre as críticas que Aristóteles move aos acadêmicos ver sobretudo os livros M e N da *Metafísica*, *passim*.

TERCEIRA SEÇÃO

AS CIÊNCIAS PRÁTICAS: ÉTICA E POLÍTICA

[...] ἡ τοῦ θεοῦ ἐνέργεια, μακαριότητι διαφέρουσα, θεωρητικὴ ἂν εἴη · καὶ τῶν ἀνθρωπίνων δὴ ἡ ταύτῃ συγγενεστάτη εὐδαιμονικωτάτη [...] ἐφ' ὅσον δὴ διατείνει ἡ θεωρία, καὶ ἡ εὐδαιμονία [...]

"[...] *a atividade de Deus, que excede em felicidade, é a atividade contemplativa; portanto, também entre as atividades humanas, a mais congênere a esta será a que for mais capaz de tornar felizes* [...]*: portanto, tanto quanto se estende a contemplação, igualmente se estende a felicidade* [...]".

Aristóteles, *Ética Nicomaqueia,* K 8, 1178 b 21 ss.

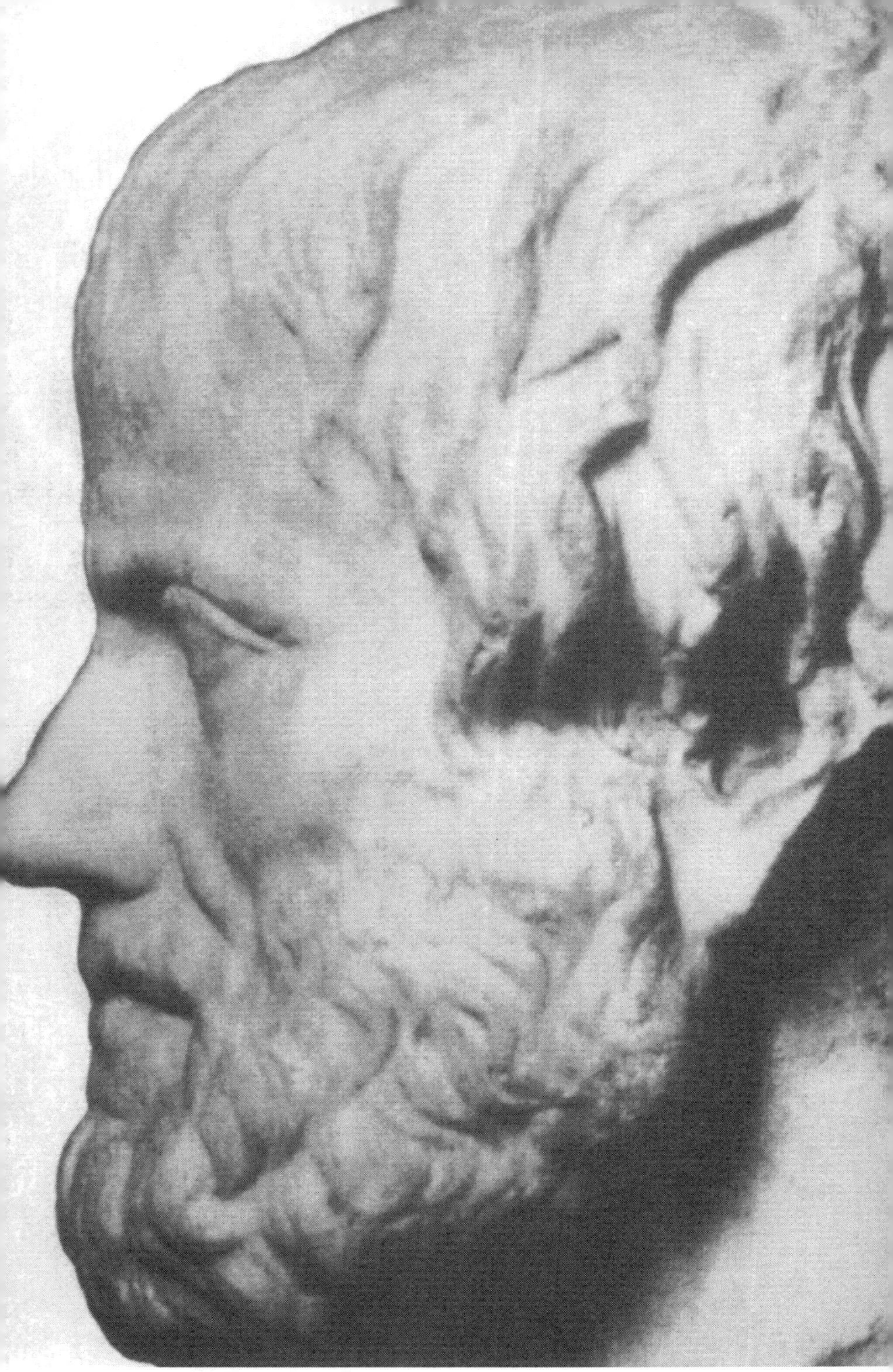

Cabeça de Aristóteles, *Kunsthistorisches Museum*, Viena

I. A ÉTICA

1. Relações entre ética e política

Na sistematização aristotélica do saber, depois das ciências teoréticas, em segundo lugar aparecem, como vimos, as *ciências práticas*. Estas são hierarquicamente inferiores às primeiras, enquanto nelas o saber não é mais fim para si mesmo em sentido absoluto, mas subordinado e, em certo sentido, servo da atividade prática. Estas ciências práticas, de fato, dizem respeito à conduta dos homens, bem como ao fim que através dessa conduta eles querem alcançar, seja enquanto indivíduos, seja enquanto fazendo parte de uma sociedade, sobretudo da sociedade política. Aristóteles chama, em geral, "política"[1] (mas também "filosofia das coisas humanas"[2]) a ciência complexiva da atividade moral dos homens, quer como indivíduos, quer como cidadãos. Em seguida subdivide a "política" (ou "filosofia das coisas humanas"), respectivamente, em *ética* e em *política* propriamente dita (teoria do Estado).

Nessa subordinação da ética à política, incidiu clara e determinantemente a doutrina platônica que amplamente ilustramos, a qual, como sabemos, dava forma paradigmática à concepção tipicamente helênica, que entendia o homem unicamente como cidadão e punha a Cidade completamente acima da família e do homem individual: o indivíduo existia em função da Cidade e não a Cidade em função do indivíduo. Diz expressamente Aristóteles:

> Se, de fato, idêntico é o bem para o indivíduo e para a cidade, parece mais importante e mais perfeito escolher e defender o bem da cidade; é certo que o bem é desejável mesmo quando diz respeito só a uma pessoa, porém é mais belo e mais divino quando se refere a um povo e às cidades[3].

Portanto, à política compete a função *arquitetônica*, ou seja, de comando: a ela compete determinar "que ciências são necessárias na

---

1. Cf., por exemplo, *Ética Nicomaqueia*, A 3, no início.
2. *Ética Nicomaqueia*, K 10, 1181 b 15.
3. *Ética Nicomaqueia*, A 2, 1094 b 7-10.

Cidade, quais devem aprender cada um e até que ponto"[4]. É verdade, porém, que, como algum estudioso observou, à medida que Aristóteles procede na sua *Ética*, a relação entre indivíduo e Estado corre o risco de inverter-se, "e no final da obra fala como se o Estado tivesse uma simples função subsidiária com relação à vida moral do indivíduo, fornecendo o elemento de compulsão para tornar os desejos dos homens submissos à razão"[5]. Todavia este fato, que em si mesmo é importantíssimo, não é levado por Aristóteles ao nível de consciência crítica, e tampouco são tiradas por ele as consequências que, no limite, teriam rompido a concepção geral da "filosofia das coisas humanas". Os condicionamentos histórico-culturais tiveram mais peso do que as conclusões especulativas e a pólis permaneceu, para o Estagirita, fundamentalmente, o horizonte que encerrava os valores do homem.

2. O bem supremo do homem: a felicidade

Nas suas várias ações, o homem tende sempre a precisos fins, que se configuram como bens. Assim começa a *Ética Nicomaqueia*:

> Toda arte e toda pesquisa e, do mesmo modo, toda ação e todo projeto parecem visar a algum bem: por isso, com razão, o bem foi definido como *aquilo a que tendem todas as coisas*[6].

Ora, há fins e bens que nós queremos em vista de ulteriores fins e bens e que, portanto, são fins e bens relativos; mas, sendo impensável um processo que leve de fim em fim e de bem em bem ao infinito (tal processo destruiria até mesmo os próprios conceitos de bem e de fim, os quais implicam estruturalmente um termo), devemos pensar que todos os fins e os bens aos quais tende o homem estão em função de um fim último e de um bem supremo. Precisa o Estagirita:

> Se há um fim das nossas ações que queremos por ele mesmo, enquanto os outros os queremos só em vista daquele, e não desejamos nada em vista de outra coisa particular (assim, de fato, iríamos ao infinito, de modo que a

4. *Ética Nicomaqueia*, A 2, 1094 a 28-b 2.

5. Ross, *Aristotele*, p. 280.

6. *Ética Nicomaqueia*, A 1, 1094 a 1-3.

nossa tendência seria vazia e inútil), é claro que esse deve ser o bem e *o bem supremo*[7].

Qual é esse bem supremo? Aristóteles não tem dúvidas: todos os homens, sem distinção, consideram que tal bem é a *eudaimonia*, ou seja, a felicidade:

> Quanto ao seu nome, a maioria está praticamente de acordo: *felicidade o chamam, tanto o vulgo como as pessoas cultas*, supondo que ser feliz consiste em viver bem e em ter sucesso[8].

Portanto, a felicidade é o fim ao qual conscientemente tendem todos os homens. Mas que é a felicidade?

Vejamos mais de perto este ponto, que é essencial.

A multidão dos homens considera que a felicidade consiste *no prazer e no gozo*. Mas uma vida dedicada aos prazeres torna "semelhante aos escravos" e é uma "existência digna dos animais"[9].

As pessoas mais evoluídas e mais cultas põem o bem supremo e a felicidade na *honra*. E a honra buscam, sobretudo, aqueles que se dedicam ativamente à vida política. Contudo, este não pode ser o fim último que buscamos, porque, nota Aristóteles, é *algo exterior*:

> Ele, de fato, parece depender mais de quem confere a honra do que de quem é honrado: nós, ao invés, consideramos que o bem é algo individualmente inalienável[10].

Ademais, os homens buscam a honra não por ela mesma, mas como prova e reconhecimento público da sua bondade e virtude, as quais, portanto, demonstram ser mais importantes que a honra.

Se o tipo de vida dedicado ao prazer e o dedicado à busca das honras, embora inadequados pelas razões vistas, têm uma *aparente plausibilidade*, o mesmo não se pode dizer do tipo de vida dedicado a acumular riquezas, o qual, a juízo do nosso filósofo, não tem nem sequer essa aparente plausibilidade:

> A vida [...] dedicada ao comércio é contra a natureza, e é evidente que a riqueza não é o bem que buscamos; com efeito, ela só existe em vista do lucro e é um meio para outra coisa[11].

---

7. *Ética Nicomaqueia*, A 2, 1094 a 18-2.
8. *Ética Nicomaqueia*, A 4, 1095 a 17-20.
9. *Ética Nicomaqueia*, A 5, 1095 b 19 ss.
10. *Ética Nicomaqueia*, A 5, 1095 b 24-26.
11. *Ética Nicomaqueia*, A 5, 1096 a 5-7.

De fato, prazeres e honras são buscados por eles mesmos; as riquezas não: a vida dedicada a acumular riquezas é a mais absurda e a mais inautêntica, porque é gasta para buscar coisas que, no máximo, valem como *meios* e não como *fins*.

Mas o *bem supremo* do homem não pode ser nem mesmo o que Platão e os platônicos indicaram como tal, vale dizer, a *Ideia do Bem*, ou seja, o transcendente *Bem-em-si*:

> Se, de fato, o bem fosse uno e predicável em geral, e subsistisse separado [como, justamente, é a ideia do Bem], é evidente que não seria realizável nem adquirível pelo homem; mas é justamente isso que nós buscamos[12].

Não se trata de um *Bem transcendente*, mas de um *Bem imanente*, não de um bem definitivamente realizado, mas de um bem realizável e atuável pelo homem e para o homem. (O bem, para Aristóteles, não é uma realidade única e unívoca, mas, como vimos a propósito do conceito de *ser*, é algo polívoco, diferente nas diversas categorias e diferente também nas diversas realidades que entram em cada uma das categorias, mas sempre ligado por uma relação de analogia).

Mas qual é o bem supremo *realizável pelo homem*?

A resposta de Aristóteles está em perfeita harmonia com a concepção tipicamente helênica da *areté*, que já conhecemos bem, e sem a qual seria vão esperar compreender toda a construção ética do nosso filósofo.

O bem do homem só poderá consistir na obra que lhe é peculiar, isto é, na obra que ele e só ele pode realizar, assim como, em geral, o bem de cada coisa consiste na obra que é peculiar a cada coisa. A *obra* do olho é ver, a *obra* do ouvido é ouvir, e assim por diante. E a *obra* do homem? *a*) Esta não pode ser o simples viver, dado que o viver é próprio de todos os seres vegetativos. *b*) E não pode ser também o sentir, dado que este é comum também aos animais. *c*) Resta, pois, que a obra peculiar do homem seja *a razão e a atividade da alma segundo a razão*. O verdadeiro bem do homem consiste nessa *obra* ou atividade de razão, e, mais precisamente, no perfeito desenvolvimento e atuação dessa atividade. Esta é, pois, a "virtude"

---

12. *Ética Nicomaqueia*, A 6, 1096 b 32-35.

do homem e aqui deve ser buscada a felicidade. Leiamos toda a página da *Ética Nicomaqueia* que desenvolve esses conceitos, porque é uma das mais esclarecedoras, não só da mentalidade aristotélica, mas também de todo o pensamento moral da grecidade:

> Se dizer que a felicidade é o sumo bem parece algo sobre o qual se está de acordo, todavia sente-se a necessidade de dizer ainda algo mais preciso sobre a sua natureza. Poderemos fazer isso sem dificuldade, se examinarmos a *obra* (ἔργον) do homem. Como, de fato, para o flautista, o escultor, qualquer artesão e, em suma, qualquer um que tenha um trabalho e uma atividade, parece que o bem e a perfeição residam na sua obra, assim poderia parecer também para o homem, se existe alguma obra que lhe seja própria. Será que para o arquiteto e para o sapateiro existem obras e atividades próprias, enquanto não existe nenhuma obra própria do homem, e que este nasceu inativo? Ou antes, como parece haver uma obra própria do olho, da mão, dos pés e, em suma, de cada membro, deve-se admitir, além dessas, uma obra própria do homem? E qual seria essa obra? Não o viver, pois este é comum também às plantas, uma vez que se busca algo que lhe seja próprio. É preciso, pois, excluir a nutrição e o crescimento. Seguiria a sensação, mas também esta mostra-se comum ao cavalo, ao boi e a todo animal. Resta, pois, uma vida ativa própria de um ser racional. E dessa distingue-se ainda uma parte obediente à razão, uma outra que a possui e raciocina. Podendo-se, pois, considerar também esta de duas maneiras, é preciso considerar a que tem uma real atividade: esta, de fato, parece ser superior. Se própria do homem é, pois, a atividade da alma segundo a razão, ou não sem razão, e se dissemos que esta é a obra do seu gênero e, em particular, do virtuoso, assim como há uma obra do citaredo e, em particular, do citaredo virtuoso e, em suma, como sempre se verifica, quando consideramos a virtude que se acrescenta à ação (do citaredo é próprio tocar a cítara, do citaredo virtuoso o tocá-la bem): se é assim, nós supomos que do homem seja próprio determinado gênero de vida, e que esta seja constituída pela atividade da alma e das ações racionais, enquanto do homem virtuoso seja próprio isto, porém, realizado segundo o bem e o belo, de modo que cada um dos seus atos se cumpra bem segundo a própria virtude. Se, pois, é assim, então o *bem próprio do homem é a atividade da alma segundo a virtude*, e se múltiplas são as virtudes, segundo a melhor e a mais perfeita. E isso vale também para uma vida realizada. Com efeito, uma única andorinha ou um único dia não fazem verão; assim também um único dia ou um breve tempo não proporcionam a beatitude ou a felicidade[13].

---

13. *Ética Nicomaqueia*, A 7, 1097 b 22-1098 a 20.

A bela página que lemos mostra de maneira exemplar, além do que observamos acima, *a substancial adesão de Aristóteles à doutrina socrático-platônica* que *punha a essência do homem na alma e, precisamente, na parte racional da alma, no espírito.* Somos a nossa razão e o nosso espírito. O homem bom, diz expressamente Aristóteles,

> [...] age pela parte racional de si mesmo, que *parece constituir cada um de nós*[14].

E ainda:

> É, pois, claro que *cada um é, acima de tudo, intelecto* e que a pessoa moralmente conveniente ama sobretudo isso[15].

E, enfim:

> E se esta [a alma racional e, em particular, a parte mais elevada dela, isto é, o intelecto] é a parte dominante e melhor, *parece que cada um de nós consiste* exatamente nela[16].

E dado que este é o próprio fundamento da ética socrático-platônica, não é de admirar que Aristóteles, aceitando o fundamento, acabe por concordar com Sócrates e com Platão, muito mais do que se crê comumente. Os autênticos valores, também para o Estagirita (como acima já pusemos implicitamente em relevo), não poderão ser nem os exteriores (como as riquezas), que tocam apenas tangencialmente o homem, nem os corporais (como os prazeres), que não dizem respeito ao eu verdadeiro do homem, *mas só os da alma*, já que na alma consiste o verdadeiro homem. Diz explicitamente o Estagirita:

> Tendo, pois, repartido os bens em três grupos: os assim chamados *exteriores*, os *da alma* e os *do corpo, dizemos que os relativos à alma são os principais e mais perfeitos*[17].

Em conclusão, pode-se dizer que os verdadeiros bens do homem são os bens espirituais, que consistem na virtude da sua alma, e é neles que está a felicidade. Quando falamos de virtude humana, não

---

14. *Ética Nicomaqueia*, I 4, 1166 a 16-17.
15. *Ética Nicomaqueia*, I 8, 1169 a 2-3.
16. *Ética Nicomaqueia*, K 7, 1178 a 2-3.
17. *Ética Nicomaqueia*, A 8, 1098 b 12-15.

entendemos de modo algum a virtude do corpo — precisa de modo inequívoco Aristóteles —, *mas a virtude da alma; e dizemos que a felicidade consiste numa atividade própria da alma.*

A socrática "cura da alma" permanece, pois, também para Aristóteles, a única via que conduz à felicidade. Todavia, à diferença de Sócrates e, sobretudo, de Platão, Aristóteles considera indispensável ser suficientemente dotado também de bens exteriores e de meios de fortuna. De fato, se estes, com a sua presença, não podem dar a felicidade, todavia podem arruiná-la ou comprometê-la (pelo menos em parte) com a sua ausência. E a esta parcial reavaliação dos bens exteriores associa-se também certa reavaliação do prazer, que, para Aristóteles, coroa a vida virtuosa, e é a necessária consequência da qual a virtude é o antecedente, como veremos.

Mas estas afirmações são ditadas mais pelo bom senso (e pelo bom senso à maneira grega) que pelo realismo aristotélico, cuja natureza conhecemos bem. De fato, ele não hesita em fazer afirmações como estas:

> Parece, todavia, que a felicidade precisa também dos bens exteriores, na medida em que é impossível, ou não é fácil, realizar as belas ações sem meios de ajuda. Com efeito, muitas coisas são realizadas através de meios de execução, através dos amigos, da riqueza e do poder político. E se somos privados de alguns desses meios, a felicidade se nos arruína, como quando carecemos de uma boa estirpe, de uma boa prole, da beleza física. De fato, não pode ser de todo feliz quem é totalmente feio de forma, ou de obscura estirpe, ou sozinho na vida e sem filhos; e menos ainda, talvez, se tem filhos e amigos celerados, ou se os tem bons e os vê morrer. Por isso, como dissemos, parece que a felicidade exige também tal bem-estar exterior[18].

Aristóteles está convencido de que também as desventuras comprometem a felicidade, não as desventuras comuns, mas as grandes desventuras, ou seja, aquelas das quais não podemos nos refazer em pouco tempo. Por isso, diz ele, ninguém poderá ser verdadeiramente feliz "se tiver a sorte de Príamo"[19]. Mas, se é assim, nem mesmo Sócrates poderia ser considerado feliz, nem mesmo aquele Sócrates que viveu toda a sua vida buscando e atuando a virtude. Evidente-

---

18. *Ética Nicomaqueia*, A 8, 1099 a 31-b 7.

19. *Ética Nicomaqueia*, A 10, 1101 a 7-8.

mente, a experiência da vida e, sobretudo, da morte *feliz* de Sócrates, que bebeu a cicuta com plena serenidade de espírito, consciente de ter atuado plenamente o seu destino, não é considerada por Aristóteles. Com efeito, ela contrasta com as asserções que lemos. De resto, o que o próprio Aristóteles dirá sobre a vida contemplativa redimensiona radicalmente estas concepções do senso comum[20].

3. Dedução das "virtudes" a partir das "partes da alma"

A felicidade consiste numa atividade da alma segundo a virtude. É claro que qualquer ulterior aprofundamento no conceito de "virtude" *depende de um aprofundamento no conceito de alma*. Ora, vimos que a alma se divide, segundo Aristóteles, em três partes, duas irracionais, isto é, a alma vegetativa e a alma sensitiva, e uma racional, a alma intelectiva. E dado que cada uma dessas partes tem a sua atividade peculiar, cada uma tem uma peculiar virtude ou excelência. Todavia, a *virtude humana só é aquela na qual entra a atividade da razão*. De fato, a alma vegetativa é comum a todos os viventes:

> A virtude de tal faculdade mostra-se, pois, como coisa comum a todos os seres e não especificamente humana[21].

Diferente é a questão no que concerne à alma sensitiva e concupiscível, a qual, embora sendo por si irracional, participa de certo modo da razão:

> Entretanto, é preciso supor que também na alma há algo contra a razão, que se opõe e resiste a ela. Não importa de que modo se dá essa oposição. Também este elemento parece participar da razão [...]: dado que ele obedece à razão, quando pertence a um homem continente. E se pertence a um homem moderado e corajoso, ele é, talvez, ainda mais dócil; tudo nele está, de fato, em harmonia com a razão. Portanto, a parte irracional mostra-se de duas espécies: uma, vegetativa, não participa em nada da razão; a outra, ao invés, concupiscível e, em geral, apetitiva, participa dela de certo modo, enquanto é obediente e dócil à razão[22].

---

20. Cf. infra, pp. 109-111.

21. *Ética Nicomaqueia*, A 13, 1102 b 2-3.

22. *Ética Nicomaqueia*, A 13, 1102 b 23-31.

Fica claro que existe uma virtude dessa parte da alma *especificamente humana*, que consiste em dominar, por assim dizer, essas tendências e impulsos que são por si desmedidos, e a esta o Estagirita chama de "virtude ética".

Enfim, dado que existe em nós uma alma puramente racional, então deverá haver também uma virtude peculiar dessa parte da alma, e esta será a "virtude dianoética", ou seja, a virtude racional.

4. As virtudes éticas

Comecemos pelo exame da virtude ética, mais exatamente, das virtudes éticas, dado que são numerosas, bem como numerosos são os impulsos e os sentimentos que a razão deve moderar. As virtudes éticas derivam em nós *do hábito*: pela natureza, somos potencialmente capazes de formá-los e, mediante o exercício, traduzimos essa potencialidade em atualidade. Realizando atos justos, tornamo-nos justos, adquirimos a virtude da justiça, que, depois, permanece em nós de maneira estável como um *habitus*, o qual, em seguida, nos fará realizar mais facilmente ulteriores atos de justiça. Realizando atos de coragem, tornamo-nos corajosos, isto é, adquirimos o *habitus* da coragem, que em seguida nos levará a realizar facilmente atos corajosos. E assim por diante. Em suma, para Aristóteles, as virtudes éticas são aprendidas à semelhança do aprendizado das diferentes artes, que também são *hábitos*:

> Como, por exemplo, construindo casas tornamo-nos arquitetos, e tocando a cítara tornamo-nos citaredos, assim realizando coisas justas tornamo-nos justos, realizando coisas moderadas tornamo-nos moderados, fazendo coisas corajosas, corajosos[23].

Esse raciocínio, porquanto esclarecedor, não leva ainda ao centro da questão: diz-nos como adquirimos e como possuímos essas virtudes, mas não nos diz em que consistem as virtudes. Qual é a natureza comum a todas as virtudes éticas? O Estagirita responde com exatidão: nunca há virtude quando há *excesso* ou *falta*, ou seja,

---

23. *Ética Nicomaqueia*, B 1, 1103 a 33-b 2.

quando há demais ou de menos; virtude implica, ao invés, a *justa proporção*, que é a *via de meio* entre dois excessos. Eis as palavras do nosso filósofo:

> Em qualquer coisa, seja ela homogênea ou divisível, é possível distinguir o mais, o menos e o igual, e isto ou em relação à própria coisa ou em relação a nós: o igual é uma via de meio entre o excesso e a falta. Eu chamo, pois, posição de meio de uma coisa a que dista igualmente de cada um dos extremos, e esta é uma só e idêntica em todas as coisas; e chamo posição de meio com relação a nós o que não excede nem carece; esta, porém, não é única, nem igual para todos. Por exemplo, pondo o dez como quantidade excessiva e o dois como quantidade defectiva, o seis é considerado o meio com relação à coisa: este é, de fato, o meio segundo a proporção numérica. A posição de meio com relação a nós não é interpretada assim: com efeito, se comer dez minas é muito e comer duas é pouco para alguém, não por isso o mestre de ginástica mandará comer seis minas; de fato, para quem receber tal porção, ela pode ser muito ou mesmo pouco: para Milo [que era um atleta excepcional], de fato, é pouco, para um principiante de ginástica é muito. O mesmo deve-se dizer da corrida e da luta. Assim, pois, cada pessoa que tem ciência evita o excesso e a falta, enquanto busca o meio e prefere-o, *e esse meio é estabelecido não em relação à coisa, mas em relação a nós*[24].

Mas — perguntar-se-á — a que se referem "excesso", "falta" e "justo meio" do qual se fala a propósito das virtudes éticas? Referem-se — esclarece Aristóteles — a *sentimentos, paixões e ações*.

> Com relação ao temor, ao ardor, ao desejo, à ira, à piedade e, em geral, ao gozo e à dor há um excesso e uma falta, e ambos não são bons; mas se experimentamos aquelas paixões quando se deve, no que se deve, contra quem se deve, com a finalidade e do modo como se deve, então estaremos no meio e na excelência, que são próprios da virtude; e do mesmo modo, também para as ações há um excesso, uma falta e um meio. A virtude, portanto, refere-se às paixões e às ações, nas quais encontra-se o erro do excesso e a desaprovação da falta, enquanto o meio é louvado e tem sucesso: e essas duas coisas são próprias da virtude. Portanto, a virtude é certa mediania, que tem por escopo o justo meio[25].

Em conclusão: a virtude ética é, precisamente, mediania entre dois vícios, dos quais um é por falta, o outro por excesso. É óbvio,

---

24. *Ética Nicomaqueia*, B 6, 1106 a 26-b 7.

25. *Ética Nicomaqueia*, B 6, 1106 b 18-28.

para quem compreendeu bem essa doutrina de Aristóteles, que a *mediania* não só não é *mediocridade*, mas a sua antítese: o "justo meio", de fato, está nitidamente acima dos extremos, representando, por assim dizer, a sua superação e, portanto, como bem diz Aristóteles, um "cume", isto é, o ponto mais elevado do ponto de vista do valor, enquanto assinala a afirmação da razão sobre o irracional:

> Por isso, segundo a sua essência e segundo a razão que estabelece a sua natureza, a virtude é uma mediania, mas *com relação ao bem e à perfeição, ela é o ponto mais elevado*[26].

Há aqui como que uma síntese de toda a sabedoria grega que encontrou expressão típica nos poetas e nos sete sábios, a qual, amiúde, indicara na *via média*, no *nada em excesso*, na *justa medida*, a suprema regra do agir moral: regra que é como uma cifra paradigmática do modo de sentir helênico. E há, também, a afirmação da lição pitagórica que indicava no limite (o *péras*) a perfeição e, mais ainda, há um preciso aproveitamento do conceito de "justa medida", que tanta importância teve sobretudo no último Platão.

Essa doutrina da virtude ética como "justo meio" entre os extremos é ilustrada por uma ampla análise das principais virtudes éticas (ou, melhor, daquelas que a grecidade considerava tais), naturalmente deduzidas, não segundo um preciso fio condutor, mas empiricamente e quase rapsodicamente elencadas. A virtude da *coragem* é o "justo meio" entre os excessos da temeridade e da covardia; a coragem é, pois, a justa medida imposta ao sentimento de medo que, privado do controle racional, pode degenerar, por falta, em covardia, por excesso, em descontrolada audácia. A *temperança* é o "justo meio" entre os excessos da intemperança ou dissolução e a insensibilidade; a temperança é, pois, a justa atitude que a razão nos faz assumir ante determinados prazeres. A *liberalidade* é o "justo meio" entre a avareza e a prodigalidade; ela é, portanto, a justa atitude que a razão nos faz assumir diante da ação de gastar dinheiro. E assim por diante.

Na *Ética Eudêmica*, Aristóteles fornece o seguinte elenco de virtudes e vícios:

[1] a *mansidão* é a via média entre a iracúndia e a impassibilidade;

---

26. *Ética Nicomaqueia*, B 6, 1107 a 6-8.

[2] a *coragem* é a via média entre a temeridade e a covardia;
[3] a *verecúndia* é a via média entre a impudência e a timidez;
[4] a *temperança* é a via média entre a intemperança e a insensibilidade;
[5] a *indignação* é a via média entre a inveja e o excesso oposto que não tem nome;
[6] a *justiça* é a via média entre o ganho e a perda;
[7] a *liberalidade* é a via média entre a prodigalidade e a avareza;
[8] a *veracidade* é a via média entre a pretensão e o autodesprezo;
[9] a *amabilidade* é a via média entre a hostilidade e a adulação;
[10] a *seriedade* é a via média entre a complacência e a soberba;
[11] a *magnanimidade* é a via média entre a vaidade e a estreiteza de alma;
[12] a *magnificência* é a via média entre a suntuosidade e a mesquinharia[27].

Em todas essas manifestações a virtude ética *é a justa medida que a razão impõe a sentimentos, ações ou atitudes que, sem o controle da razão, tenderiam para um ou outro excesso.*

Entre todas as virtudes éticas, o Estagirita não hesita em indicar a justiça como a mais importante (e dedica à sua análise todo um livro)[28]. Num primeiro sentido, a justiça é o respeito pela lei do Estado, e dado que a lei do Estado (do Estado grego) cobre toda a área da vida moral, a justiça é, de algum modo, compreensiva de todas as virtudes. Escreve Aristóteles:

> E por isso, frequentemente, a justiça parece ser a mais importante das virtudes, e nem a estrela da tarde, nem a da manhã são tão admiráveis; e no provérbio dizemos: *na justiça estão todas as virtudes*[29].

Mas o sentido mais próprio da justiça (que é aquele mais atentamente analisado por Aristóteles) consiste na *justa medida com a qual repartimos os bens, as vantagens e os ganhos* (ou os seus contrários). E, neste sentido, a justiça é "mediania", não como o são as outras virtudes,

27. *Ética Eudêmica*, B 3.

28. Cf. *Ética Nicomaqueia*, livro E, *passim*.

29. *Ética Nicomaqueia*, E 1, 1129 b 27-30.

[...] mas porque ela é a característica do justo meio, enquanto a injustiça o é dos extremos[30].

As abundantes e precisas análises sobre os vários aspectos das virtudes éticas individuais feitas por Aristóteles permanecem, normalmente, num plano puramente fenomenológico; antes, pode-se dizer que, amiúde, as convicções morais da sociedade à qual pertencia Aristóteles impõem-se ao filósofo, como, por exemplo, no caso da descrição da magnanimidade, que devia ser uma espécie de ornamento das virtudes, mas resulta, ao invés, uma pesada hipoteca que o gosto do tempo impõe à doutrina aristotélica[31].

5. As virtudes "dianoéticas"

Acima das virtudes éticas, segundo Aristóteles, estão *as virtudes da parte mais elevada da alma*, isto é, da alma racional, chamadas virtudes dianoéticas ou virtudes da razão. E dado que duas são as partes ou funções da alma racional, uma que conhece as coisas contingentes e variáveis, a outra que conhece as coisas necessárias e imutáveis, então existirão, logicamente, uma perfeição ou virtude da primeira função, e uma perfeição ou virtude da segunda função da alma racional[32]. Essas duas partes da alma racional são, em substância, a razão prática e a razão teorética, e as respectivas virtudes serão as formas perfeitas com as quais se colhem a verdade prática e a verdade teorética. A típica virtude da razão prática é a "sabedoria" (*phrónesis*), enquanto a típica virtude da razão teorética é a "sapiência" (*sophia*)[32a].

A sabedoria consiste em saber dirigir corretamente a vida do homem, isto é, em saber deliberar sobre o que é bem ou mal para

30. *Ética Nicomaqueia*, E 5, 1133 b 32-1134 a 1.

31. Cf. *Ética Nicomaqueia*, Δ 3 ss.

32. Cf. *Ética Nicomaqueia*, Z 1.

32a. A tradução de φρόνησις por "saggezza" (sabedoria) e σοφία por "sapienza" (sapiência), em G. Reale, corresponde a uma opção do autor na interpretação desses dois conceitos aristotélicos. Em português, é usual traduzir φρόνησις por "prudência" e σοφία por "sabedoria". Em vista de respeitar as opções do autor, traduziremos sempre φρόνησις por sabedoria e σοφία por sapiência. (N.d.T.)

o homem. (Esta, diz Aristóteles, é "uma disposição prática, acompanhada da razão veraz, em torno do que é bem e mal para o homem"[33]). Deve-se notar, para uma exata compreensão da doutrina aristotélica, que a *phrónesis* ou sabedoria ajuda a deliberar corretamente sobre os verdadeiros fins do homem, *no sentido de indicar os meios idôneos para alcançar os verdadeiros fins*. Ela ajuda, portanto, a individuar e alcançar as coisas que conduzem àqueles fins; porém, ela *não indica nem determina os fins*. Os verdadeiros fins são captados pela virtude ética que retifica o querer de modo correto. Diz exatamente Aristóteles:

> A obra humana cumpre-se através da *sabedoria* e da *virtude ética*: de fato, a *virtude torna reto o fim*, enquanto a *sabedoria torna retos os meios*[34].

É claro, portanto, que *as virtudes éticas* e a *virtude dianoética da sabedoria* são duplamente ligadas entre si. Com efeito, diz Aristóteles:

> *a*) Não é possível ser virtuosos sem a sabedoria, nem *b*) ser sábios sem a virtude ética[35].

a) Na verdade, se a virtude ética, como vimos, "é um hábito decisório que consiste no justo meio relativo a nós mesmos, determinado pela *razão* e pelo modo como o homem *sábio* a definiria"[36], é claro que não se a pode ter sem essa razão, ou melhor, sem essa *reta razão*, e essa reta razão só é a do *sábio*, isto é, justamente aquela que se *conforma à sabedoria*. De resto, é evidente, com base no que dissemos, que se só a sabedoria nos indica os fins para alcançar o bem, caso o alcançássemos sem a sabedoria, só o alcançaríamos por uma espécie de natural inclinação, ou seja, de modo irreflexo; mas esta não poderia ser autêntica virtude. A sabedoria permanece a condição necessária (embora não suficiente) de cada uma e de todas as virtudes éticas, e constitui também o elemento que, de certo modo, unifica a todas[37].

b) Por outro lado, é também verdade que não pode haver sabedoria sem virtude ética; de fato, a sabedoria não é simples perspicá-

33. *Ética Nicomaqueia*, Z 5, 1140 b 4-6.

34. *Ética Nicomaqueia*, Z 12, 1144 a 6-9.

35. *Ética Nicomaqueia*, Z 13, 1144 b 31-33.

36. *Ética Nicomaqueia*, B 6, 1006 b 36-1007 a 2.

37. Cf. *Ética Nicomaqueia*, Z 13.

cia, capacidade geral de encontrar e conseguir os meios para alcançar qualquer fim, mas somente *a específica capacidade de encontrar os justos meios que levam ao fim mais elevado do homem, ao bem moral*. A sabedoria é a perspicácia que se tem nas coisas morais[38].

Este duplo laço, como há tempo os estudiosos observaram, acaba por incorrer num círculo. Escrevia Zeller: "A virtude, no fundo, consiste em manter o justo meio, e este só pode ser determinado pela sabedoria; se é assim, a tarefa da sabedoria não consiste só na busca do meio para alcançar fins éticos: sem ela não é possível nem sequer determinar exatamente aqueles fins e, por outro lado, a perspicácia só merece o nome de sabedoria quando se dedica a realizar fins éticos"[39]. É uma aporia que deriva de outras aporias das quais falaremos no final.

A outra virtude dianoética, a mais elevada, como se disse, é a *sapiência* (*sophia*). Esta é constituída, seja pela captação intuitiva dos princípios através do intelecto, seja pelo conhecimento discursivo das consequências que derivam daqueles princípios. A sapiência é uma virtude mais elevada que a sabedoria, porque, enquanto aquela diz respeito ao homem e, portanto, ao que há de mutável no homem, *a sapiência diz respeito ao que está acima do homem*: o homem é o melhor dos seres vivos, todavia, diz Aristóteles:

> Existem outras coisas muito mais divinas que o homem por natureza, como, para permanecer nas mais visíveis, os astros que compõem o universo. Do que se disse, é claro que a sapiência é ao mesmo tempo ciência e inteligência das coisas mais excelsas por natureza[40].

Noutros termos: a sapiência coincide com as ciências teoréticas e, antes, de modo especial, com a mais elevada delas, vale dizer, a metafísica.

6. A perfeita felicidade

Dado que, como vimos no início, a felicidade é uma atividade conforme a virtude, é claro agora em que ela consistirá. Em primeiro

38. Cf. *Ética Nicomaqueia*, Z 12.

39. Zeller-Mondolfo, *La filosofia dei Greci nel suo sviluppo storico*, Parte II, vol. 6, organizado por A. Plebe, p. 72.

40. *Ética Nicomaqueia*, Z 7, 1141 a 34-b 2.

lugar, na atividade do intelecto conforme à sua virtude: o intelecto, com efeito, é o que há de mais elevado em nós e a atividade do intelecto é atividade perfeita, autossuficiente, tendo em si o próprio fim, enquanto tende a conhecer por ela mesma. Na atividade da contemplação intelectiva, o homem alcança o vértice das suas possibilidades e atualiza o que há de mais elevado nele. Escreve Aristóteles:

> Se [...] a atividade do intelecto, sendo contemplativa, parece exceder em dignidade, não visando a nenhum outro fim fora de si mesma e tendo o próprio prazer perfeito (que engrandece a atividade), sendo autossuficiente, ágil, tão ininterrupta quanto possível ao homem, parece que em tal atividade encontram-se todas as qualidades atribuídas ao homem feliz. Então, esta será a felicidade perfeita do homem, se durar por toda a vida. De fato, no que diz respeito à felicidade, não pode haver nada de incompleto. Mas tal vida será superior à natureza do homem; com efeito, não enquanto homem ele viverá de tal modo, mas enquanto nele há algo divino; e na mesma medida em que este excede a estrutura composta do homem, excede também a sua atividade sobre aquela segundo as outras virtudes. Se, pois, relativamente à natureza do homem, o intelecto é algo divino, também a vida conforme com ele será divina relativamente à vida humana. Portanto, não se deve seguir os que aconselham a, sendo homens, ater-se às coisas humanas e, sendo mortais, às coisas mortais; antes, enquanto é possível, é preciso fazer-se imortal e fazer tudo para viver segundo a parte mais elevada dentre as que estão em nós; se, de fato, esta é pequena em extensão, todavia excede de muito a todas as outras em poder e valor[41].

Em segundo lugar, vem a vida segundo as virtudes éticas. Com efeito, elas dizem respeito à estrutura composta do homem e, como tais, só podem dar uma felicidade humana.

Ao contrário, a felicidade da vida contemplativa leva, de algum modo, para além do humano, realiza, por assim dizer, uma tangência com a divindade, cuja vida só pode ser contemplativa. Escreve Aristóteles:

> De modo que a atividade do deus, que excede em beatitude, será contemplativa. Portanto, também entre as atividades humanas, a que é mais congênere a esta será a mais capaz de tornar feliz. Prova disso é também o fato de os outros seres vivos não participarem da felicidade, por serem completamente privados dessa atividade. Ao invés, para os deuses, toda a vida é

41. *Ética Nicomaqueia*, K 7, 1177 b 19-1178 a 2.

> beata, e para os homens o é enquanto há neles uma atividade semelhante àquela; mas nenhum dos outros seres vivos é feliz, porque não participa em nada da especulação. Portanto, tanto quanto se estende a especulação, igualmente se estende a felicidade, e naqueles em que se encontra mais especulação, há também maior felicidade: e isso não acontece por acaso, mas pela especulação: esta, de fato, tem valor por si mesma. Assim, a felicidade é uma espécie de especulação[42].

Esta é a mais perfeita formulação do ideal que os antigos filósofos da natureza buscaram realizar na sua vida, que Sócrates já começara a explicitar do ponto de vista conceitual, e que Platão teorizara. Mas em Aristóteles há, ademais, a tematização da tangência da vida contemplativa com a vida de Deus, que faltava em Platão, a quem faltava, como vimos, o conceito de Deus como *Mente absoluta* e *Pensamento de pensamento*. Assim, o preceito platônico de que o homem deve, quanto possível, "assimilar-se a Deus", adquire um significado mais preciso: assimilar-se a Deus *significa contemplar o verdadeiro tal como Deus o contempla*, ou, como explicita a *Ética Eudêmica*, *contemplar o próprio Deus, que é a suprema racionalidade*:

> Portanto, aqui, como nas outras coisas, é preciso viver em conformidade com o princípio regulador e conformando-se à disposição e à atividade do princípio regulador, assim como o escravo deve viver conformando-se ao princípio do senhor, e cada um de nós ao princípio que lhe é próprio. Mas, dado que o homem é por natureza composto de uma parte governante e de uma parte governada, cada um de nós deverá viver conformemente à parte governante (esta, porém, o é em duplo sentido: de fato, diferentemente governam a ciência médica, de um lado, e a saúde, de outro: a primeira existe em vista da segunda). Assim se passa com relação à faculdade contemplativa: Deus, com efeito, não é um governante imperativo, mas é fim em vista do qual a sabedoria ordena [...], porque Deus não tem necessidade de nada. Por isso a escolha e a posse de bens naturais que será maximamente conferida pela contemplação de Deus (sejam estes bens corporais, ou de riqueza, ou de amigos, ou de outras coisas), será a melhor; e este é, pois, o melhor critério de referência; ao invés, qualquer coisa que, por falta ou por excesso, impede servir e contemplar a Deus, será má. O homem possui tal faculdade na alma, e este é o melhor critério regulador da alma, isto é, o de sentir o menos possível a parte irracional da alma enquanto tal[43].

---

42. *Ética Nicomaqueia*, K 8, 1178 b 21-32.

43. *Ética Eudêmica*, Θ 3, 1249 b 6-23.

7. A amizade e a felicidade

Aristóteles dedicou dois livros da *Ética Nicomaqueia* ao tema da amizade. Isso se explica por diversas razões fundamentais. Em primeiro lugar, a amizade é, para Aristóteles, estruturalmente ligada à virtude e à felicidade, portanto, aos problemas centrais da ética[44]. Em segundo lugar, a problemática da amizade, por Sócrates e, sobretudo, por Platão, como vimos, já fora debatida a fundo e conquistara uma notável consistência filosófica. Em terceiro lugar, a estrutura da sociedade grega dava à amizade uma importância decididamente superior à que dão as modernas sociedades, de modo que também desse ponto de vista explica-se a particular atenção que lhe dedica o Estagirita.

Três são as coisas que o homem ama e pelas quais estabelece amizades: o *útil*, o *aprazível* e o *bom*. À medida que um homem busque no outro o útil, o aprazível ou o bom, nascem diferentes tipos de amizade. Portanto, se são três os valores que se buscam, três deverão ser também as formas de amizade:

> Três, portanto, são as espécies de amizade, como três são as espécies de qualidades suscetíveis de amizade: e a cada uma delas corresponde uma amizade recíproca e não ignorada pelos que a experimentam. E os que se amam reciprocamente querem-se reciprocamente o bem, sob o aspecto preciso pelo qual se amam. Os que se amam reciprocamente por causa do útil, não se amam por si mesmos, mas enquanto lhes deriva reciprocamente algum bem; do mesmo modo também os que se amam por causa do prazer. Com efeito, estes amam as pessoas, não porque elas tenham determinadas qualidades, mas porque são agradáveis. Assim, os que amam por causa do útil, amam pelo bem que lhes advém e os que amam por causa do prazer, amam pelo que de aprazível lhes advém e não enquanto a pessoa amada é a que é, mas enquanto ela é útil ou aprazível. Por isso tais amizades são acidentais. De fato, o que é amado, não o é em si mesmo, mas enquanto oferece um bem ou um prazer. Portanto, tais amizades são facilmente desfeitas, uma vez que as pessoas não permanecem sempre iguais: se, de fato, elas deixam de ser agradáveis ou úteis, cessa a amizade[45].

A amizade perfeita é a dos bons e dos semelhantes na virtude. Estes, de fato, querem-se bem reciprocamente enquanto são bons, e são bons em si

44. Cf. *Ética Nicomaqueia*, livros Θ e I.

45. *Ética Nicomaqueia*, Θ 3, 1156 a 6-21.

mesmos; e os que querem bem aos amigos por eles mesmos são os autênticos amigos (com efeito, estes são tais em si mesmos e não acidentalmente), portanto, a sua amizade dura enquanto são bons, e a virtude é algo estável[46].

As duas primeiras formas de amizade são as menos válidas; são, sob certo aspecto, formas extrínsecas e ilusórias de amizade, porque, para falar em termos modernos, com elas o homem ama o outro, não *por aquilo que ele é*, mas *pelo que tem*; o amigo, em larga medida, é instrumentalizado às vantagens (riqueza, prazer) que oferece. Só a terceira forma de amizade é autêntica, porque só com ela o homem ama o outro *por aquilo que ele é*, ou seja, pela sua bondade intrínseca de homem.

Assim sendo, é clara a razão pela qual Aristóteles liga a amizade à virtude: a verdadeira forma de amizade é o laço que o homem virtuoso estabelece com o homem virtuoso por causa da própria virtude. E a virtude é, como vimos, aquilo em que e através do que o homem atua plenamente a sua natureza e o seu valor de homem, de modo que a verdadeira forma de amizade é, justamente, o laço que une os homens segundo o próprio valor do homem. Assim, Aristóteles pode apelar, para resolver o problema da amizade, ao princípio utilizado (como veremos) para resolver o problema das opções morais de fundo:

> Parece que a virtude e o virtuoso são a medida de todas as coisas[47].

Alguns intérpretes de Aristóteles acreditaram encontrar na doutrina da amizade um corretivo para o egoísmo ou, se quisermos, para o egocentrismo que, em última análise, é a característica de fundo do sistema ético do Estagirita. Na verdade não é assim: de fato, ele afirma claramente que também na amizade segundo a virtude o amigo busca no amigo o próprio bem. A amizade como *dom gratuito* de si ao outro é uma concepção totalmente estranha a Aristóteles: mesmo em seu mais alto grau, a amizade é entendida como uma relação de dar e receber que, embora no nível espiritual, deve de algum modo se equilibrar:

> E, amando o amigo, ama-se o próprio bem, de fato, a pessoa boa, quando se torna amiga, torna-se um bem para aquele de quem é amiga. Cada um

46. *Ética Nicomaqueia*, Θ 3, 1156 b 7-12.

47. *Ética Nicomaqueia*, I 4, 1166 a 12-13.

dos dois, portanto, ama o próprio bem e oferece em troca o equivalente na boa vontade e no prazer: de fato, diz-se que equidade é um espírito amigável. E isso acontece sobretudo na amizade dos bons[48].

Aristóteles não hesita em afirmar expressamente que a amizade pelos outros nasce "do sentido de amizade para consigo mesmo"[49], e que "cada um quer bem a si próprio"[50]. Ademais, dado que existe em nós uma parte pior e uma melhor, existem, por consequência, dois modos diferentes de amar a si próprio: há o modo inferior de amar a parte mais baixa de si e de querer para si o máximo possível de riquezas e prazeres, e há, ao contrário, o modo superior de amar a parte mais elevada de si e os bens relativos a esta parte. Normalmente chama-se egoísta a quem ama a parte inferior de si e quer ter para si o máximo possível de riquezas e prazeres; mas Aristóteles observa que "egoísta" é também quem ama a parte superior de si e quer para si o máximo possível de bens espirituais: a diferença está em que o primeiro é egoísta em sentido inferior e negativo, o segundo, ao invés, é egoísta em sentido superior e positivo. Eis um texto fundamental a respeito:

Fica claro, portanto, que a maioria costuma chamar de egoísta aqueles que atribuem a si próprios as coisas acima mencionadas [riquezas e bens materiais], se, de fato, alguém se empenhasse mais do que todos em realizar ações justas, ou moderadas, ou ações em todos os sentidos segundo a virtude e, em suma, buscasse sempre o decoro, ninguém diria que tal homem é egoísta, nem o lastimaria. *Contudo, tal homem poderia parecer particularmente egoísta*; ele atribui, de fato, a si próprio as coisas mais belas e sumamente boas; e goza da parte mais elevada de si e a ela obedece em tudo; como, de fato, o Estado e qualquer outro sistema organizado parecem ser constituídos sobretudo pela sua parte mais elevada, assim se passa também com o homem: *e é sobretudo egoísta quem ama a sua parte mais elevada e goza dela.* E um homem é chamado continente ou incontinente segundo o seu intelecto domine ou não, como se cada um se identificasse com o seu intelecto, e parece que nós agimos propriamente e de maneira voluntária, sobretudo naquelas ações realizadas segundo a razão. Portanto, fica claro que cada um é, acima de tudo, intelecto e que a pessoa moralmente conveniente ama sobretudo o intelecto. Assim, *tal homem seria egoísta, mas de uma espécie*

48. *Ética Nicomaqueia*, Θ 5, 1157 b 33-1158 a 1.

49. *Ética Nicomaqueia*, I 4, 1166 a 2-11.

50. *Ética Nicomaqueia*, Θ 7, 1159 a 12.

diferente daquela que é lastimada, e tão diferente desta quanto o viver segundo a razão é diferente de viver segundo a paixão, o aspirar ao decoro é diferente de aspirar ao que parece ser útil[51].

Nesse contexto compreende-se em que sentido Aristóteles considera a amizade necessária para a felicidade: ela entra no catálogo dos bens superiores de cuja posse depende a felicidade verdadeira. Ademais, se é verdade que o homem bom tende mais a fazer o bem do que a recebê-lo, é também verdade que, justamente por isso, ele tem necessidade de pessoas a quem fazer o bem. Enfim, o homem, como ser estruturalmente *político*, ou seja, feito para viver em sociedade com outros (disso falaremos de modo mais preciso ao expor a concepção política de Aristóteles), pela sua própria natureza tem necessidade de outros, justamente para poder gozar dos bens: um homem absolutamente isolado não poderia gozar de nenhum bem.

Eis o texto no qual, de modo exemplar, Aristóteles exprime esses conceitos:

Há ainda uma questão sobre o homem feliz: se ele tem necessidade de amigos ou não. Dizem, com efeito, que não tem necessidade de amigos os homens felizes e autárquicos: estes, de fato, possuem o que é bem, portanto, sendo autárquicos, não têm necessidade de ninguém, enquanto o amigo, sendo um outro eu, deveria oferecer aquilo que por si só não pode obter. Daí o dito: "Se deus ajuda, para que serve o amigo?". Mas, parece estranho que os que atribuem todo bem ao homem feliz não lhe concedam amigos, coisa que parece ser o maior dos bens externos. Se, na verdade, é próprio do amigo antes fazer o bem do que recebê-lo, e se é próprio do homem bom e da virtude beneficiar, e é mais belo fazer o bem aos amigos do que aos estranhos, então o homem virtuoso terá necessidade de pessoas que recebam os benefícios. Por isso busca-se amigos, embora se tenha mais necessidade deles na fortuna ou no infortúnio, enquanto o desafortunado precisa de que se o beneficie, o fortunado precisa de pessoas a quem possa beneficiar. E é absurdo fazer do homem feliz um solitário; ninguém, de fato, escolheria ter todos os bens para si só; com efeito, o homem é um ser político e naturalmente levado à vida em sociedade. E esta característica também existe no homem feliz; pois ele possui os bens naturais. E é claro que é melhor passar o dia com pessoas amigas e convenientes do que com pessoas estranhas e quaisquer; *por isso o homem feliz tem necessidade de amigos*[52].

51. *Ética Nicomaqueia*, I 8, 1168 b 23-1169 a 6.

52. *Ética Nicomaqueia*, I 9, 1169 b 3-22.

8. O prazer e a felicidade

Já no âmbito das escolas socráticas e no interior da própria Academia platônica, como dissemos, acenderam-se vivas discussões sobre o prazer e suas relações com a felicidade, e delas emergiram opostas conclusões. Aristóteles discute a fundo estas conclusões, assumindo uma posição bastante original diante delas e, em certo sentido, capaz de mediar as instâncias opostas.

Para Aristóteles, o prazer não é uma mudança (um preenchimento, uma plenificação, uma integração ou reintegração) nem, em geral, um movimento, mas uma *atividade* em todo tempo perfeita:

> O ato de ver, como parece, é perfeito em todos os momentos (de fato, ele não carece de nada que se lhe acrescente para tornar perfeita a sua forma): tal parece ser também o prazer. Este, com efeito, é uma totalidade inteira e em nenhum período de tempo poder-se-ia encontrar um prazer cuja forma torne-se mais perfeita com o prolongar-se do tempo[53].

Antes, falando ainda mais propriamente, para Aristóteles, o prazer acompanha-se a toda atividade (seja esta atividade sensível, pragmática ou teorética) *e a aperfeiçoa*:

> O prazer aperfeiçoa a atividade, não como uma disposição conseguida, mas como uma perfeição que se lhe acrescenta, como, por exemplo, a beleza para aqueles que estão na flor da idade; haverá, pois, prazer na atividade enquanto forem como devem ser, tanto o objeto pensável ou sensível como o que discerne ou contempla [...][54].

Fica claro qual é a novidade do pensamento aristotélico. Quando agimos ou conhecemos, seja de modo sensível, seja intelectualmente, traduzimos em ato, ou seja, realizamos determinadas potencialidades, e essas *atividades* alcançam (atuam) o seu escopo relativamente ao objeto que lhes é próprio. Justamente porque as nossas atividades são essa realização objetiva de potencialidades, constituem algo objetivamente positivo, e o prazer as acompanha como *ressonância subjetiva da positividade objetiva*. A própria vida, que é, justamente, uma atividade e a realização de algo positivo, é acompanhada, como tal, de um prazer.

---

53. *Ética Nicomaqueia*, K 4, 1174 a 14-19.

54. *Ética Nicomaqueia*, K 4, 1174 b 31-1175 a 1.

Para Aristóteles, a aspiração ao prazer é totalmente natural, porque naturalmente acompanha o viver e toda atividade própria do viver *à guisa de "perfeição" daquelas atividades*, no sentido que foi precisado acima.

Toda atividade tem o seu prazer; assim todo prazer, no seu gênero, é verdadeiro prazer. Todavia, como existem *atividades convenientes* e boas, e *atividades inconvenientes* e más, assim também existem *prazeres convenientes* e bons, e *prazeres inconvenientes* e maus. Para qualificar o prazer, ou seja, para estabelecer um critério discriminante e, portanto, uma hierarquia dos mesmos, Aristóteles remete-se, mais uma vez, à virtude e ao homem virtuoso:

> Em todos estes casos, parece-nos que tudo seja como aparece ao virtuoso. Se podemos dizer isso, como parece, então a virtude e o homem bom enquanto tal serão a medida de cada coisa, e verdadeiros prazeres serão aqueles que lhe parecem tais, e aprazíveis serão as coisas das quais ele goza. E não devemos nos maravilhar se a alguém parecem aprazíveis coisas que lhe desagradam; com efeito, nos homens surgem muitas corrupções e impurezas; e estas coisas não são verdadeiramente aprazíveis, mas somente àqueles que têm tal disposiçã[55].

Mas ao homem bom os prazeres *aparecem* bons ou maus por razões de fundo bem precisas. De fato, existe um critério ontológico para discriminar os prazeres superiores dos inferiores: os primeiros são os ligados às atividades teorético-contemplativas do homem, os segundos são, ao invés, os ligados à vida vegetativo-sensível do homem. E, em todo caso, dado que a felicidade está ligada, como vimos, à atividade teorético-contemplativa, serão considerados verdadeiramente preciosos somente os prazeres ligados a essa atividade.

9. Psicologia do ato moral

Sócrates, como vimos amplamente, reduziu as virtudes à *ciência* e ao *conhecimento*, e negou que o homem pudesse querer e fazer *voluntariamente* o mal. Platão condividiu largamente esta concepção e, embora tivesse individuado na alma humana forças irracionais, ou

55. *Ética Nicomaqueia*, K 5, 1076 a 15-22.

seja, a alma concupiscível e a alma irascível capazes de se oporem à alma racional, sempre acreditou que a virtude humana consistisse no domínio da razão e na submissão daquelas forças à razão, por força da própria razão, de modo que, também para ele, a virtude permanecia, em última análise, razão.

Aristóteles tenta superar essa interpretação intelectualista do fato moral. Como bom realista que era, deu-se perfeitamente conta de que uma coisa é *conhecer o bem*, outra coisa é *atuá-lo, realizá-lo e fazer dele, por assim dizer, substância das próprias ações*, e tentou determinar mais profundamente quais eram os complexos processos psíquicos pressupostos pelo ato moral.

Em primeiro lugar, ele esclarece o que se entende por "ações voluntárias" e "ações involuntárias". Involuntárias são as ações que se cumprem forçosamente, ou por ignorância das circunstâncias; voluntárias, são as ações "cujo princípio reside no agente, se ele conhece as circunstâncias particulares nas quais se desenvolve a ação"[56].

Mas se tudo parece lógico até este ponto, inopinadamente a perspectiva muda, pois Aristóteles situa entre as ações voluntárias também aquelas ditadas pela impetuosidade, pela ira e pelo desejo e, assim, chama voluntárias também as ações das crianças e até mesmo as dos animais (enquanto têm origem neles e, portanto, dependem deles). Portanto, é claro que "voluntárias", neste sentido, são simplesmente as ações *espontâneas*, que têm a sua origem nos sujeitos que as cumprem, e não coincidem com as que nós, modernos, chamamos com o mesmo nome.

O Estagirita prossegue a sua análise, mostrando como os atos humanos, além de "voluntários" no sentido esclarecido, são determinados por uma "escolha" (*proáiresis*), e explica que esta parece ser "coisa essencialmente própria da virtude e mais apta que as ações para julgar os costumes"[57]. Com efeito, a escolha não pertence à criança ou ao animal, mas só ao homem que raciocina e reflete. A "escolha" sempre implica, de fato, raciocínio e reflexão e, precisamente, aquele tipo de raciocínio e reflexão relativos às coisas e ações

---

56. *Ética Nicomaqueia*, Γ 1, 1111 a 22-24.

57. *Ética Nicomaqueia*, Γ 2, 1111 b s.

que dependem de nós e estão na ordem do realizável. Esse tipo de raciocínio e reflexão é chamado por Aristóteles "deliberação". A diferença entre "deliberação" e "escolha" consiste no seguinte: a deliberação estabelece quais e quantas são as ações e os meios necessários para alcançar certos fins: estabelece, assim, toda a série das coisas a realizar para chegar ao fim, das mais remotas às mais próximas e imediatas; a escolha age sobre estas últimas e as descarta quando são irrealizáveis, põe-nas em ato quando as encontra realizáveis. Por isso escreve Aristóteles:

> O objeto da deliberação e o da escolha são o mesmo, exceto o fato de que o que se escolhe já foi determinado. De fato, objeto da escolha é o que já foi julgado com a deliberação. Cada um, com efeito, cessa de buscar como deverá agir quando remete a si próprio o princípio da ação, e o remete àquela parte de si próprio que comanda: esta, de fato, é a que decide[58].

Muitos estudiosos acreditaram encontrar aqui o que chamamos vontade, enquanto a escolha é apetite ou desejo deliberado e, portanto, não é só desejo ou apetite, nem só razão. Infelizmente, à medida que nos aprofundamos na posição aristotélica, esta se revela extremamente ambígua e difícil de apreender. Contudo, o Estagirita nega expressamente que a "escolha" possa identificar-se com a "vontade" (*boúlesis*), porque a vontade *diz respeito só aos fins*, enquanto a *escolha* (assim como a deliberação) *diz respeito aos meios*. E então, se é verdade que a escolha é o que nos torna senhores de nossas ações, ou seja, responsáveis, *não é, todavia, o que nos torna verdadeiramente bons*, pois só os fins que nos propomos podem nos tornar tais, e a escolha (assim como a deliberação) só se refere aos meios. Então, o princípio primeiro do qual depende a nossa moralidade está propriamente na *volição do fim*.

Que é essa volição do fim? De duas, uma: *a*) ou é tendência infalível ao bem, ao que é verdadeiramente bem, *b*) ou é tendência ao que nos *parece* bem. *a*) No primeiro caso, é evidente que a escolha não reta não será voluntária, mas será, como dizia Sócrates, uma forma de ignorância, um erro, um equívoco. *b*) No segundo caso, seria preciso concluir que "o que é querido não é querido por

---

58. *Ética Nicomaqueia*, Γ 3, 1113 a 2-7.

natureza, mas segundo o que a cada um parece; e dado que a um parece uma coisa, a outro, outra, se assim fosse, o que é querido seria ao mesmo tempo coisas contrárias"[59]: o que significaria que ninguém mais poderia ser chamado bom ou mau ou, o que é o mesmo, que todos seriam bons, justamente porque todos fariam o que lhes *parece bem*.

Aristóteles crê poder sair do dilema do seguinte modo:

> É preciso, então, dizer que, absolutamente e segundo a verdade, o objeto da vontade é o bem, porém a cada um de nós, objeto da vontade é o que parece bem: para quem é virtuoso, o que é verdadeiramente bem, para quem é vicioso, qualquer coisa; assim como para os corpos, aos que são bem dispostos, são sadias as coisas que são verdadeiramente tais, aos enfermos, ao invés, o são outras coisas, e o mesmo vale para as coisas amargas, para as doces, para as quentes, para as pesadas, e assim por diante. Quem é virtuoso, com efeito, julga retamente todas as coisas e em cada uma se lhe mostra o verdadeiro. Na realidade, as coisas aptas a cada uma das disposições são belas e aprazíveis, e o homem virtuoso difere dos outros sobretudo porque vê a verdade em todas as coisas, sendo ele o cânon e a medida delas. Na maioria dos homens, ao invés, parece surgir o engano através do prazer, que parece bem, mesmo não o sendo. Por isso eles escolhem como bem o que é aprazível, e fogem como mal do que é doloroso[60].

Mas, se é assim, movemo-nos num círculo (um círculo análogo ao que assinalamos a propósito das relações entre virtudes éticas e sabedoria): para tornar-me e ser bom devo querer os fins bons, mas só os reconheço se sou bom. A verdade é que Aristóteles compreendeu muito bem *que* somos responsáveis pelas nossas ações, causa dos nossos próprios hábitos morais, causa do próprio modo pelo qual as coisas nos aparecem moralmente, mas não soube dizer *por que* é assim e o que está na raiz de tudo isso em nós. *Não soube determinar corretamente a verdadeira natureza da vontade e do livre-arbítrio*; e assim explica-se que, embora criticando Sócrates, recaia às vezes em posições socráticas, afirmando, por exemplo, que o incontinente erra porque, no momento em que comete ações incontinentes, não tem perfeito conhecimento, e afirma que o conhecimento é determinante

59. *Ética Nicomaqueia*, Γ 4, 1113 a 20-21.

60. *Ética Nicomaqueia*, Γ 4, 1113 a 23-b 2.

para o agir moral[61]. E explica-se também que Aristóteles chegue até mesmo a dizer que, uma vez tornados viciosos, não podemos mais deixar de ser tais, embora num primeiro momento fosse possível não vir a sê-lo[62].

Todavia, é justo reconhecer que, embora sem adequado sucesso, Aristóteles, melhor do que todos os seus predecessores, entreviu que há em nós algo do qual depende o ser bom ou mau, que não é mero desejo irracional, mas não é tampouco razão pura; porém, em seguida, esse algo fugiu-lhe das mãos sem que ele conseguisse determiná-lo. De resto, devemos objetivamente reconhecer que nenhum grego conseguirá isso e que o homem ocidental só compreenderá o que são a vontade e o livre-arbítrio através do cristianismo[63].

61. Cf. *Ética Nicomaqueia*, H 1 ss.

62. Cf. *Ética Nicomaqueia*, Γ 5.

63. Para uma aprofundada meditação das *Éticas* aristotélicas indicamos: Aristote, *L'étique à Nicomaque*, Introduction, traduction et commentaire par R. A. Gauthier et J. Y. Jolif, Lovaina-Paris 1970[2] (2 vols. em dois tomos cada um). Nessas obras encontrar-se-á, ademais, toda a bibliografia geral e particular concernente aos vários problemas da ética aristotélica.

II. A POLÍTICA

1. Conceito de Estado

Vimos acima que, segundo o Estagirita, porquanto o bem do indivíduo e o bem do Estado sejam da mesma natureza (pelo fato de consistirem, em ambos os casos, na virtude), o bem do Estado é mais importante, mais belo, mais perfeito e mais divino. A razão disso deve ser buscada na própria natureza do homem, a qual demonstra com clareza que ele é absolutamente incapaz de viver isolado e, para ser si mesmo, tem necessidade de estabelecer relações com os seus semelhantes em todo momento da sua existência.

Em primeiro lugar, a natureza distinguiu os homens em macho e fêmea, que se unem para formar a primeira comunidade, vale dizer, a família, em vista da procriação e da satisfação das necessidades elementares (no núcleo familiar, para Aristóteles, também entra o escravo que, como veremos, é tal *por natureza*).

Mas, dado que as famílias não bastam cada uma a si mesmas, surge a vila, que é uma comunidade mais ampla, com a finalidade de garantir de modo sistemático a satisfação das necessidades vitais.

Mas se a família e a vila são suficientes para satisfazer as necessidades da *vida em geral*, ainda não bastam para garantir as condições da *vida perfeita*, isto é, da vida moral. Esta forma de vida, que podemos apropriadamente chamar de espiritual, só pode ser garantida pelas leis, pelas magistraturas e, em geral, pela complexa organização de um Estado. É no Estado que o indivíduo, por efeito das leis e das instituições políticas, é levado a sair do seu egoísmo, e a viver conforme o que é subjetivamente bom, assim como conforme o que é verdadeira e objetivamente bom. Desse modo o Estado, que é *último cronologicamente*, é *primeiro ontologicamente*, porque se configura como o todo do qual a família e a vila são partes, e, do ponto de vista ontológico, o todo precede as partes, porque o todo, e só ele, dá sentido às partes. Assim, só o Estado dá sentido às outras comunidades e só ele é autárquico[1].

1. Cf. *Política*, A 1.

Eis a página, bastante célebre, na qual o Estagirita desenvolve esse conceito:

> A comunidade perfeita de várias vilas constitui a cidade, que alcançou o que se chama o nível da autarquia, a qual surge para tornar possível a vida e subsiste para produzir as condições de uma *boa existência*. Por isso toda cidade é uma instituição natural, se o são também os tipos de comunidade que a precedem, enquanto ela é o seu fim, e a natureza de uma coisa é o seu fim; isto é, dizemos que a natureza de cada coisa é aquilo que ela é quando se concluiu a sua geração, como acontece com o homem, o cavalo, a casa. Ora, o escopo e o fim são o que há de melhor; a autarquia é um fim e o que há de melhor. É claro, portanto, que a cidade pertence aos produtos naturais, que o homem é um animal que, por natureza, deve viver numa cidade, e quem não vive numa cidade, por sua própria natureza e não por acaso, ou é um ser inferior ou é mais que um homem: é o caso dos que Homero chama, com desprezo, de "*apátridas, sem-lei, sem-lar*". E quem é assim por natureza, é também sedento de guerra, enquanto não possui laços e é como uma peça de jogo posta ao acaso. Por isso é claro que o homem é animal mais sociável do que qualquer abelha e qualquer outro animal gregário. De fato, segundo o que sustentamos, a natureza não faz nada em vão e o homem é o único animal que tem a capacidade de falar: a voz é simples sinal do prazer e da dor e, por isso, a têm também os animais, enquanto a sua natureza chega até o ponto de ter e de significar aos outros a sensação do prazer e da dor. Ao invés, a palavra serve para indicar o útil e o danoso e, por isso, também o justo e o injusto: e isso é próprio do homem com relação aos outros animais, enquanto ele é o único a ter noção do bem e do mal, do justo e do injusto e das outras virtudes: a comunidade dos homens constitui a família e a cidade. E na ordem natural a cidade precede a família e a cada um de nós. Com efeito, o todo precede necessariamente a parte, porque sem o todo, não haverá mais nem pés nem mãos, a não ser por homonímia, como ocorre, por exemplo, quando se fala de u'a mão de pedra; mas esta na realidade é u'a mão morta. Todas as coisas são definidas pela função que cumprem e pela sua potência, de modo que, não possuindo nem uma nem outra, não poderão mais ser ditas as mesmas de antes, senão por homonímia. Portanto, é claro que a cidade existe por natureza, e é anterior ao indivíduo, porque se o indivíduo, tomado isoladamente, não é autárquico, relativamente ao todo está na mesma relação em que estão as outras partes. Por isso quem não pode fazer parte de uma comunidade, quem não tem necessidade de nada, bastando a si próprio, não faz parte de uma cidade, mas é ou um animal ou um deus[2].

2. *Política*, A 2, 1252 b 27-1253 a 29.

Talvez seja esta a mais radical defesa do Estado feita na antiguidade contra as tentativas de algumas correntes da sofística de reduzir a polis a simples fruto de convenção artificial, e contra as negações extremistas dos Cínicos. Evidentemente Aristóteles, na sua reivindicação do caráter natural do Estado, vai muito além do que poderia, mas não se deve esquecer o peso que, neste ponto, mais uma vez tiveram as condições políticas, sociais e culturais da Grécia do seu tempo: os helenos, como há tempo os estudiosos notaram, não tendo uma Igreja, ou algo de algum modo equivalente a ela, eram fatalmente levados a reconhecer um único tipo de sociedade que tivesse fins metabiológicos e espirituais, e a identificá-la com o Estado, com a polis. É verdade que, mais exatamente, como foi dito, Aristóteles deveria ter definido o homem como "animal social" em vez de "animal político"; mas é igualmente verdade que, para fazer isso, ele deveria poder distinguir a sociedade do Estado. Mas ele estava de tal modo distante dessa distinção, como veremos melhor adiante, que nem sequer foi capaz de compreender que pudesse haver outras formas de Estado além da Cidade, a pólis de tipo helênico, tão radicado estava no sentimento grego o seu modo de pensar o Estado e a coisa pública!

2. A administração da família

A família, núcleo originário do qual se compõe a Cidade, é constituída por quatro elementos: *a*) as relações marido-mulher, *b*) as relações pai-filhos, *c*) a relação senhor-escravos, *d*) a arte de obter as coisas úteis, em particular as riquezas (a assim chamada *crematística*). Aristóteles detém-se especialmente sobre o terceiro e o quarto elementos.

Dado que a administração doméstica deve adquirir determinadas propriedades e, para fazer isso, exige instrumentos adequados, inanimados ou animados, então o artesão e o escravo — pensa Aristóteles — são indispensáveis. O artesão é "como um instrumento que precede e condiciona os outros instrumentos" e serve à produção de determinados objetos e de bens de uso. Ao invés, o escravo não serve à produção de coisas, mas, em geral, "é um artesão que serve ao que diz respeito à ação", é "um instrumento que serve à ação"[3], isto é, à conduta da vida.

3. Para todas essas expressões cf. *Política*, A 4, *passim*.

Sobre que bases pode-se admitir uma instituição como a escravidão, isto é, uma instituição que estabelece que um homem possa ser "posse viva" de um outro homem? Vimos que, da parte de alguns sofistas e de alguns socráticos menores, foi posta em crise ou, pelo menos, comprometida a convicção da liceidade da escravidão. Aristóteles, ao invés, faz-se ferrenho defensor da "naturalidade" da escravidão.

Na verdade, os princípios metafísicos do seu sistema, corretamente aplicados, teriam levado a conclusões exatamente contrárias a estas: mas aqui o filósofo deixa-se condicionar pelos preconceitos e convicções do tempo, a ponto de submeter da maneira mais artificiosa os seus próprios princípios para fazê-los corresponder àquelas convicções. Ele parte do pressuposto de que como a alma e o intelecto, *por natureza*, governam o corpo e o apetite, assim os homens nos quais predominam a alma e o intelecto devem governar aqueles nos quais estes não predominam.

Dado que, então, era convicção geral de que a alma e a razão predominavam mais no homem que na mulher, assim ele conclui que

> o homem é por natureza melhor, a mulher pior; aquele apto para comandar, esta para obedecer[4].

Com mais razão devem ser considerados piores *por natureza* e, portanto, capazes só de obedecer e, assim, escravos, todos os homens que a natureza dotou de corpos robustos e frágeis intelectos. Eis as palavras textuais do nosso filósofo:

> Todos os homens que diferem dos seus semelhantes tanto quanto a alma difere do corpo e o homem do animal (e estão nessa condição aqueles cuja tarefa implica o uso do corpo, que é o que eles têm de melhor), *são escravos por natureza* e, para estes, o melhor é submeter-se à autoridade de alguém, se isso vale para os exemplos que acima indicamos. É escravo por natureza quem pertence a alguém em potência (e por isso torna-se posse de alguém em ato) e só participa da razão no que diz respeito à sensibilidade imediata, sem possuí-la propriamente, enquanto os outros animais não têm nem mesmo o grau de razão que compete à sensibilidade, mas obedecem às paixões. E o seu modo de emprego difere de pouco, porque uns e outros, os escravos e os animais domésticos, são utilizados para os serviços necessários ao corpo[5].

4. *Política*, A 5, 1254 b 13-14.

5. *Política*, A 5, 1254 b 16-26.

De onde resulta imediatamente evidente a desproporção entre as premissas e as conclusões, além de uma boa dose de incorreção nas próprias premissas. A nota que diferencia o homem do animal é a razão, e esta é a diferença essencial e determinante; ora, o fato de alguns homens terem mais ou menos razão não pode mudar a sua essência ou natureza: a natureza do homem permanece tal enquanto há razão, pouco ou muito que seja (a quantidade não incide, nesse caso, sobre a qualidade). Sem contar que a diferença de inteligência, que Aristóteles pretende observar entre os homens, está bem longe de corresponder à que é afirmada no trecho acima lido.

Naturalmente, mesmo forçando os princípios e os dados, Aristóteles tem não pouco trabalho para fazer concordar esses seus raciocínios com a realidade histórica pela qual também estava condicionado. De fato, os escravos provinham, muito amiúde, das conquistas de guerra (eram, portanto, prisioneiros). Mas uma guerra pode ser *injusta*, o prisioneiro pode ser de *alto posto* e, em caso de guerra de gregos contra gregos, pode ser um *grego*, em tudo igual "por natureza" a quem o fez prisioneiro. Em todos esses casos, a escravidão não é justificável "por natureza". E então? A solução de Aristóteles é a seguinte: *por natureza*, inferior é o "bárbaro" e, por isso, sustenta com Eurípedes:

> que é natural que os gregos dominem sobre os bárbaros[6].

Mas pode-se ver claramente que a emenda é pior do que o soneto, no sentido de tornar mais chocante a posição do filósofo, que, para salvar a igualdade entre os gregos, adere ao preconceito tipicamente helênico, de caráter absolutamente racista e, como tal, fundamentalmente irracional, segundo o qual o grego é por natureza superior ao bárbaro.

No que se refere à *crematística*[7], Aristóteles distingue três modos de obter bens e riquezas: *a*) um modo natural e imediato, que se realiza através da atividade da caça, do pastoreio e do cultivo dos campos; *b*) um modo intermédio, isto é, mediado, que consiste na troca dos bens com bens equivalentes (escambo) e *c*) um modo não natural, que consiste no comércio através do dinheiro, que recorre a todos os artifícios para aumentar sem limites as riquezas. Ora, a ter-

---

6. Eurípedes, *Efigênia em Aulide*, v. 1400; cf. *Política*, A 2, 1252 b 8.

7. Cf. *Política*, A 8 ss.

ceira forma de crematística é condenada por Aristóteles, *porque não existe limite para o acréscimo das riquezas*; e assim quem a ela se entrega perde o sentido e o fim último da sã economia, que é o de satisfazer a *reais necessidades* e não acumular riquezas, e acaba por transformar o que é simples meio em fim.

Diz com sábias palavras Aristóteles:

> A alguns parece que esta seja a tarefa da economia [i.é: aumentar continuamente as riquezas], e continuam a crer que esta deva salvaguardar ou aumentar ao infinito a consistência do patrimônio pecuniário. A causa dessa atitude é o fato de afadigar-se em torno às coisas que permitem viver, sem preocupar-se com viver bem, e dado que o desejo de afirmar a própria vida não tem limites, desejam meios produtivos ilimitados[8].

A sã economia busca obter, nos primeiros dois modos, quanto basta para satisfazer as necessidades naturais, *que têm um limite fixado pela natureza*. É lógico que ele condene a usura e, também, toda forma de investimento em dinheiro com a finalidade de produzir mais dinheiro[9]. E por mais que nessas posições se pressuponha uma situação socioeconômica oposta à nossa, não por isso é menos verdadeira a instância de fundo que elas tornam válida: quando o dinheiro transforma-se de meio em fim, inverte-se o sentido da vida: usa-se a vida para produzir dinheiro em vez de usar o dinheiro para viver.

3. O cidadão

Do exame da família, Aristóteles (depois de cerradas críticas ao comunismo platônico)[10] passa ao do Estado, sem aprofundar as questões relativas à vila (que, como vimos, era o segundo dos elementos constitutivos do Estado). Antes, apresenta a questão segundo uma perspectiva diferente. Visto que o Estado é feito de cidadãos, trata-se de estabelecer *quem é o cidadão*.

---

8. *Política*, A 9, 1257 b 38-1258 a 2.

9. Cf. *Política*, A 10.

10. Cf. *Política*, livro B.

Para ser cidadão numa Cidade, não basta habitar no território da Cidade, nem gozar do direito de empreender uma ação judiciária e, também, não basta ser descendente de cidadãos. Para ser cidadão, impõe-se "a participação nos tribunais ou nas magistraturas", isto é, *tomar parte na administração da justiça e fazer parte da assembleia que legisla e governa a Cidade*[11].

Nessa definição, mais do que nunca, reflete-se a peculiaridade da pólis grega, onde o cidadão só se sentia tal se participava *diretamente* no governo da coisa pública, em todos os seus momentos (fazer leis, fazê-las aplicar, administrar a justiça). Por consequência, nem o colono nem o membro de uma cidade conquistada podiam ser ou sentir-se "cidadãos" no sentido acima visto. Mas nem mesmo os artesãos podiam ser verdadeiros cidadãos, mesmo sendo homens livres (isto é, mesmo não sendo metecos, nem estrangeiros, nem escravos), por não terem à sua disposição *o tempo* necessário para exercer as funções que, aos olhos de Aristóteles, são essenciais. E assim, os "cidadãos" são muito limitados em número, enquanto todos os outros homens da Cidade acabam por ser, de algum modo, meios que servem para satisfazer às necessidades dos primeiros. Os artesãos diferenciam-se dos escravos porque, enquanto estes servem às necessidades de uma única pessoa, aqueles servem às necessidades públicas, sem não por isso deixar de ser meios[12].

E assim, enquanto Aristóteles afirmava que "não devem ser considerados cidadãos todos aqueles sem os quais a cidade não subsistiria"[13], a história demonstrou a verdade do contrário: mas demonstrou-o somente ao preço de uma série de revoluções, e ainda custa traduzir em ato essa verdade que, em nível histórico, foi definitivamente estabelecida.

4. O Estado e suas formas possíveis

O Estado, cuja natureza e finalidade já estabelecemos acima, pode atualizar-se segundo diferentes formas, ou seja, segundo diferentes *constituições*. Define Aristóteles:

---

11. *Política*, Γ 1.

12. *Política*, Γ 5.

13. *Política*, Γ 5, 1278 a 3.

A constituição é a estrutura que dá ordem à Cidade, estabelecendo o funcionamento de todos os encargos e, sobretudo, da autoridade soberana[14].

Ora, é claro que, podendo essa autoridade soberana realizar-se de diferentes formas, as constituições serão, fundamentalmente, tantas quantas são estas formas. E o poder soberano pode ser exercido: 1) por um só homem, 2) por poucos homens, 3) ou pela maior parte dos homens. Mas não só. Cada uma dessas três formas de governo pode ser exercida de modo correto ou de modo incorreto:

Quando um só, poucos ou a maioria exercem o poder em vista do *interesse comum*, tem-se necessariamente constituições retas; enquanto quando um, poucos ou a maioria exercem o poder *no seu interesse privado*, tem-se então os desvios[15].

Existem três formas de constituições retas: *monarquia, aristocracia e politia*, às quais correspondem outras tantas formas de constituições degeneradas: *tirania, oligarquia e democracia*. Eis as precisas palavras do Estagirita:

Temos o hábito de chamar *reino* o governo monárquico que se propõe o bem público, e, *aristocracia*, o governo de poucos (quer o governo esteja em mãos dos melhores, quer se interesse em obter o maior bem possível para a cidade e para os cidadãos) quando se propõe o bem comum; quando a massa rege o governo em vista do bem público, a esta forma de governo dá-se o nome de *politia* [...]. As degenerações das precedentes formas de governo são a *tirania*, relativamente ao reino, a *oligarquia*, relativamente à aristocracia e a *democracia*, relativamente à *politía*. De fato, a tirania é o governo monárquico exercido em favor do monarca, a oligarquia visa aos interesses dos ricos, a democracia aos dos pobres; mas nenhuma dessas formas visa à utilidade comum[16].

(O leitor moderno deve ter presente, para orientar-se bem, que o Estagirita entende por "democracia" um governo que, descuidando o bem de todos, visa favorecer os interesses dos mais pobres *de modo indevido*, dando, portanto, ao termo a acepção negativa que nós traduzimos por "demagogia": com efeito, Aristóteles esclarece que o

---

14. *Política*, Γ 6, 1278 b 8-10.

15. *Política*, Γ 7, 1279 a 28-31.

16. *Política*, Γ 7, 1279 a 32-b 10.

erro da democracia é o de considerar que, dada a igualdade de todos na liberdade, todos podem e devem ser iguais também em tudo o mais).

Qual dessas três constituições é a melhor?

A resposta de Aristóteles não é unívoca; antes de tudo, deve-se dizer que as três formas de governo, quando retas, são *naturais* e, portanto, boas, justamente porque o bem do Estado consiste em visar ao bem comum.

É, contudo, evidente que, se numa cidade existisse um homem que superasse a todos em excelência, a ele caberia o poder monárquico; e se existisse um grupo de indivíduos verdadeiramente excelentes por virtude, impor-se-ia um governo aristocrático. Eis as explícitas palavras de Aristóteles:

> Se há uma pessoa ou um grupo, não muito numeroso para constituir uma cidade, que seja tão excelente em virtude, cuja virtude e importância política (do indivíduo ou do grupo) não sejam comparáveis às dos outros, então é desnecessário dizer que estes constituem uma parte da cidade, porque seriam injustiçados se fossem igualados aos outros, enquanto sobressaem por capacidade e por peso político: eles seriam como um deus entre os homens. Por onde se vê que, necessariamente, a legislação deve ser confiada a eles, que são iguais por estirpe e por capacidade, enquanto não é possível impor leis a quem é superior à normalidade, uma vez que ele próprio é uma lei[17].

Portanto, a *monarquia* seria, abstratamente, a melhor forma de governo, desde que existisse na Cidade um homem excepcional; e a *aristocracia* seria, por sua vez, a melhor, desde que houvesse um grupo de homens excepcionais. Mas porque tais condições normalmente não se verificam, Aristóteles, com o seu sentido realista, indica substancialmente a *politia* como a forma de governo mais conveniente para as Cidades gregas do seu tempo, nas quais não existiam um ou poucos homens excepcionais, mas muitos homens que, embora não sobressaindo na virtude política, eram capazes de, alternadamente, governar e ser governados segundo as leis. A *politia* é, praticamente, uma *via média* entre a oligarquia e a democracia ou, se preferimos, uma democracia temperada com a oligarquia: de fato, quem governa é uma multidão (como na democracia) e não uma minoria (como na

17. *Política*, Γ 13, 1284 a 3-14.

oligarquia), mas não se trata da multidão pobre (diferentemente da democracia), mas de uma multidão suficientemente abastada para poder servir no exército e, também, que se destaque nas habilidades guerreiras. (Como se vê, a *politia* reúne os valores e exclui os defeitos das duas formas degeneradas e, portanto, no esquema geral traçado pelo Estagirita, resulta em posição um tanto anômala, porque vem a encontrar-se num plano diferente, seja com relação às duas primeiras constituições perfeitas, seja com relação às três imperfeitas).

A *politia*, portanto, é a constituição que valoriza o estrato médio que, justamente, enquanto "médio", oferece a maior garantia de estabilidade. Eis as explícitas afirmações de Aristóteles:

> Uma cidade quer ser constituída, enquanto possível, por cidadãos iguais e semelhantes entre si, e isso acontece sobretudo com cidadãos que pertencem aos estratos médios: por isso a cidade melhor governada será aquela na qual se realizam as condições das quais, por natureza, deriva a possibilidade da comunidade urbana. De resto, justamente o estrato que funda essa possibilidade, isto é, o estrato médio, é aquele cuja existência é garantida na cidade. De fato, os que a ele pertencem, enquanto não são pobres, não desejam a condição dos outros, nem os outros desejam a sua, como acontece com os ricos, cuja posição é invejada pelos pobres. Por isso aqueles, não tramando contra os outros e não sendo objeto de tramas, passam a vida sem perigos, tanto que Focilides, justamente, proclamava: "Muitas coisas são ótimas pela sua medianidade, e nessas quero estar na cidade". É claro, portanto, que a melhor comunidade política *é a que se funda sobre o estrato médio, e as cidades que estão nessas condições podem ser bem governadas, aquelas — digo — nas quais o estrato médio é mais numeroso e mais poderoso que os dois extremos ou, pelo menos, mais poderoso do que um deles*[18].

Também na política o conceito de "mediania", assim como na ética, desempenha um papel fundamental.

5. O Estado ideal

Das análises que Aristóteles nos oferece nos livros IV, V e VI da *Política* (dedicados ao exame dos vários gêneros e espécies de cons-

18. *Política*, Δ 11, 1295 b 25-38.

tituições, das várias formas de revolução, das causas que as determinam e dos modos em que é possível preveni-las), não podemos falar nesta sede, dado o seu caráter pormenorizado e até mesmo técnico. Neles o Estagirita demonstra um conhecimento histórico extraordinário, uma fineza de compreensão e uma sagacidade no entendimento dos fatos e acontecimentos políticos verdadeiramente excepcional.

Maior interesse, no que diz respeito à problemática propriamente filosófica, apresentam os últimos dois livros, dedicados à ilustração do *Estado ideal*. E porque, como se viu, a concepção do Estado de Aristóteles é fundamentalmente moral, não é de admirar que ele polarize o seu discurso mais sobre os problemas morais e educativos, do que sobre os aspectos técnicos relativos às instituições e às magistraturas.

Vimos, na ética, que os bens são de três gêneros diferentes: bens externos, bens corpóreos e bens espirituais da alma. E vimos também em que sentido os dois primeiros são considerados simples meios para a realização dos terceiros. E *isto vale* — diz Aristóteles — *seja para o indivíduo, seja para o Estado*. Também o Estado deve buscar os dois primeiros tipos de bens de modo limitado e exclusivamente em função dos bens espirituais, porque só nestes consiste a felicidade. Eis a página mais significativa a respeito disso:

> Todos os bens exteriores, como todo instrumento, têm um limite dentro do qual preenchem a sua função de ser úteis, como meios, mas além do qual tornam-se danosos ou inúteis para quem os possui. Os bens espirituais, ao invés, quanto mais abundantes, tanto mais úteis, se neles se considera, além da beleza, também a utilidade. Em geral podemos dizer que a melhor disposição, pela sua importância relativamente às outras, é aquela que ocupa um lugar privilegiado com relação às outras disposições das coisas. Assim *se a alma, para nós ou absolutamente, é mais digna do que os bens externos e os bens do corpo, é necessário que as disposições da alma gozem da correspondente posição de privilégio*. Ademais, os bens se escolhem *tendo a alma como fim*, e as pessoas prudentes fazem justamente isso, e evitam submeter a alma aos bens considerados como fins. Fique pois estabelecido, de nossa parte, que *cada um merece tanta felicidade, quanto possui de virtude, prudência e capacidade de agir em conformidade com eles*; e invocamos como testemunho o próprio *deus, que é feliz e bem-aventurado, não pelos bens exteriores, mas por si mesmo e por aquilo que é por natureza*. Por isso, necessariamente, a boa sorte é diferente da felicidade, enquanto o acaso e a

sorte podem ser causa dos bens exteriores da alma, mas ninguém é justo ou sábio por acaso ou por sorte. Por consequência — e valem as mesmas razões trazidas precedentemente — podemos dizer que feliz e florescente é a cidade virtuosa. É impossível que tenha êxitos felizes quem não cumpre boas ações, e *nenhuma boa ação, nem de um indivíduo, nem de uma cidade, pode realizar-se sem virtude e prudência. O valor, a justiça, a prudência de uma cidade têm a mesma potência e a mesma forma cuja presença num cidadão privado faz com que se o diga justo, prudente e sábio*[19].

Eis as condições ideais que deveriam dar lugar ao Estado feliz:

a) No que concerne à população, primeira condição da atividade política, esta não deverá ser nem demasiado exígua nem muito numerosa, mas justamente medida. Com efeito, uma cidade que tenha poucos cidadãos não poderá ser autárquica, e a Cidade deve poder bastar a si própria. Ao invés, aquela que tenha cidadãos em demasia será dificilmente governável. Ninguém poderá ser senhor de um número demasiado ingente de cidadãos. Ninguém poderá ser arauto de uma cidade muito numerosa, se não tem a voz de um Estentor. Os cidadãos não poderão conhecer-se uns aos outros e, portanto, não poderão distribuir com conhecimento as várias tarefas. Em suma, Aristóteles quer uma Cidade que seja à *medida do homem*[20].

b) Também o território deverá apresentar características análogas. Ele deverá ser suficientemente grande para fornecer o que se precisa para a vida, sem produzir o supérfluo. Suas fronteiras deverão ser alcançáveis a olho nu. Deverá ser dificilmente atacável e facilmente defensável, em posição favorável, seja com relação ao interior, seja com relação ao mar[21].

c) As qualidades ideais dos cidadãos são — segundo Aristóteles — exatamente aquelas que apresentam os gregos: estas são como *uma via de meio* e como uma síntese das qualidades dos povos nórdicos e dos povos orientais:

Os que habitam os países frios e a Europa são cheios de impulsos, mas carecem de inteligência e não fizeram progressos nas artes, razão pela qual gozam de maior liberdade, mas não têm um verdadeiro governo e não são

---

19. *Política*, H 1, 1323 b 7-36.

20. *Política*, H 4.

21. *Política*, H 5-6.

capazes de dominar os seus vizinhos. Os povos da Ásia são inteligentes e hábeis no progresso técnico, mas privados de vivacidade de espírito, de modo que continuam a viver como escravos e servos. A estirpe grega, assim como ocupa uma posição geográfica intermédia entre a Ásia e a Europa, participa dos caracteres que distinguem os povos de uma e da outra; por isso é inteligente e de espírito vivo, vive em liberdade, tem as melhores constituições e poderia dominar sobre todos se fosse unida sob uma única constituição[22].

Inútil dizer que nesse juízo o Estagirita é vítima daqueles mesmos pressupostos que lhe fizeram crer que os "bárbaros" pudessem ser escravos "por natureza".

d) Aristóteles examina em seguida as funções essenciais da Cidade e a sua ideal distribuição[23]. Para subsistir, uma Cidade deve ter: 1) cultivadores da terra que forneçam o alimento, 2) artesãos que forneçam instrumentos e manufaturas, 3) guerreiros que a defendam dos rebeldes e dos inimigos, 4) comerciantes que produzam riquezas, 5) homens que estabeleçam o que é útil à comunidade e quais são os direitos recíprocos dos cidadãos, 6) sacerdotes que se ocupem do culto.

Ora, a boa Cidade impedirá que todos os cidadãos exerçam todas essas funções. Contudo, na Cidade ideal não se praticará uma forma de vida particular, tal como a dos que exercem a agricultura, nem como aquela praticada pelos artesãos e pelos comerciantes: estes são modelos de vida ignóbil e contrários à virtude e, em todo caso, são tais que impedem o exercício da virtude, porque não deixam suficiente liberdade e tempo. Os camponeses serão escravos, e também os artesãos e os comerciantes não farão parte dos "cidadãos". Os verdadeiros cidadãos ocupar-se-ão da guerra, do governo e do culto. Por si, enquanto estas funções exigem virtudes diferentes (o guerreiro deve ter a força, o juiz e o legislador a prudência), seria preciso distribuí-las a diferentes pessoas, mas isso dificilmente seria tolerado pelos guerreiros, que, tendo a força militar, querem também o poder político. A solução que Aristóteles propõe é a seguinte. As mesmas pessoas exercerão essas tarefas em diferentes tempos:

> A natureza quer que os jovens tenham a força e os velhos a prudência, de modo que é útil e justo dividir os poderes políticos tendo em conta esse fato[24].

---

22. *Política*, H 7, 1327 b 23-33.

23. Cf. *Política*, H 8 ss.

24. *Política*, H 9, 1329 a 14-17.

Assim, os cidadãos serão *primeiro* guerreiros, *depois* conselheiros, *enfim* sacerdotes. Todos estes serão abastados, e dado que camponeses, artesãos e comerciantes proveem às suas necessidades materiais, eles terão todo o tempo necessário ao exercício da virtude e à plena atuação da vida feliz. E assim o "bem viver" e a felicidade serão concedidos aos "cidadãos" da Cidade ideal: todos os outros homens que nela vivem serão reduzidos a simples "condições necessárias" e serão condenados a uma vida subumana. Encontramo-nos diante do conhecido condicionamento histórico-cultural, que tão profundamente limita o pensamento aristotélico nesse ponto, situando-o numa dimensão extremamente distante de nós, pois, em substância, o filósofo diz-nos que é necessário que muitos homens vivam uma vida subumana ou não perfeitamente humana para que outros homens vivam a plena e perfeita vida humana, e que tudo isso é "natural".

e) Mas resta ainda um ponto essencial. A felicidade da Cidade depende da virtude, mas a virtude vive em cada cidadão e, por isso, a Cidade pode tornar-se e ser feliz na medida em que cada um dos cidadãos se torne e seja virtuoso. E como cada homem torna-se virtuoso e bom? Em primeiro lugar, deve haver certa *disposição natural*, depois, sobre esta agem os *hábitos* e os *costumes*, em seguida os *raciocínios* e os *discursos*[25]. Ora, a educação age sobre o hábito e sobre o raciocínio e é, portanto, um fator de enorme importância no Estado.

Os cidadãos deverão ser educados de modo fundamentalmente igual, para que possam ser capazes, alternadamente, de obedecer e de comandar, dado que, alternadamente, deverão obedecer (quando são jovens), e depois comandar (uma vez tornados homens maduros)[26]. Mas, em particular, dado que é idêntica a virtude do *cidadão* bom e do *homem* bom, a *educação deverá, substancialmente, ter em mira a formação de homens bons*, ou seja, deverá fazer com que se *realize o ideal estabelecido na ética*, isto é, que o corpo viva em função da alma e as partes inferiores da alma em função das superiores, e, em particular, que *se realize o ideal da pura contemplação*. Escreve expressamente o filósofo:

> Introduzindo nas ações uma distinção análoga àquela feita para as partes da alma, poderemos dizer que são preferíveis as que derivam da parte melhor

---

25. Cf. *Política*, H 13.

26. *Política*, H 14.

da alma, pelo menos para quem saiba comparar todas ou, em todo caso, duas das partes da alma, porque todos acharão melhor o que tende ao fim mais elevado. E todo gênero de vida pode ainda ser dividido em dois, segundo tenda para as ocupações e o trabalho ou para a liberdade de qualquer obrigação, para a guerra ou para a paz; correspondentemente a estas distinções, as ações são necessárias e úteis ou belas. Ao escolher esses ideais de vida *deve-se seguir as mesmas preferências que valem para as partes da alma e para as ações que nelas têm origem*, isto é, deve-se escolher a guerra tendo como fim a paz, o trabalho tendo como fim a libertação deste, as coisas necessárias e úteis para poder alcançar as belas. O legislador deve ter presentes todos esses elementos que acabamos de analisar, as partes da alma e as ações que as caracterizam, visando sempre às melhores, e de tal modo que possam servir de fins e não sejam apenas meios. Este critério deve guiar o legislador na sua atitude diante das várias concepções da vida e dos vários tipos de ações: deve-se, é claro, poder atender ao trabalho, fazer guerra, fazer as coisas necessárias e úteis, mas ainda mais deve-se poder praticar o livre repouso, viver em paz e fazer as coisas belas [isto é, *contemplar*][27].

O Estado, e não os indivíduos, deverá fornecer a educação que, naturalmente, começará pelo corpo, que se desenvolve antes da razão, e procederá com a educação dos impulsos, dos instintos e dos apetites, e, enfim, concluir-se-á com a educação da alma racional. A tradicional educação atlético-musical grega é assumida no Estado aristotélico, e a sua descrição conclui a *Política*.

É desnecessário afirmar que todos os estratos inferiores são excluídos da educação: uma educação técnico-profissional, para Aristóteles, é um contrassenso, porque educaria não tanto em benefício do *homem*, mas em benefício das *coisas* que servem ao homem, enquanto a verdadeira educação tem em mira ser verdadeira e plenamente homem. Instância belíssima, esta, e que teria muito a sugerir aos homens de hoje, se não pretendesse que, para que alguns possam viver e ser perfeitamente homens, outros devam ficar cravados ao destino de serem homens apenas pela metade.

Também na política, em conclusão, *a metaempírica concepção da alma e dos valores da alma resulta como a linha de força segundo a qual se desenvolve todo o discurso aristotélico*. Também aqui Aristóteles é muito mais próximo de Platão do que se crê comumente: são certos aspectos aberrantes da República platônica que o Estagirita critica e rejeita, não o ideal de fundo que ela exprime.

---

27. *Política*, H 14, 1333 a 26-b 3.

QUARTA SEÇÃO

A FUNDAÇÃO DA LÓGICA, A RETÓRICA E A POÉTICA

οἱ ἄνθρωποι πρὸς τὸ ἀληθὲς πεφύκασιν ἱκανῶς καὶ τὰ πλείω τυγχάνουσι τῆς ἀληθείας.

"Os homens são suficientemente dotados para o verdadeiro e normalmente alcançam a verdade".

Aristóteles, *Retórica,* A 1, 1355 a 15-17.

Perfil direito da cabeça de Aristóteles, montada sobre uma herma moderna, conservada na *Biblioteca Mazzarino*, Paris.

I. A FUNDAÇÃO DA LÓGICA

1. Conceito de lógica ou "analítica"

A *lógica* não tem lugar no esquema segundo o qual o Estagirita subdividiu e sistematizou as ciências, e isso não é casual. Com efeito, ela não tem em vista a produção de algo (como as ciências *poiéticas*), nem a ação moral (como as ciências práticas), e não tem um conteúdo determinado, diferente do conteúdo da metafísica ou da física ou ainda da matemática (ciências teoréticas).

A lógica considera a *forma que deve ter qualquer tipo de discurso que pretenda demonstrar algo e, em geral, queira ser probatório.* A lógica mostra como procede o pensamento quando pensa, qual é a estrutura do raciocínio, quais os seus elementos, como é possível fornecer demonstrações, que tipos e modos de demonstração existem, como e quando são possíveis.

Naturalmente, poder-se-ia dizer que a lógica é ciência, no sentido em que o seu conteúdo é dado pelas operações do pensamento, isto é, do *ens tamquam verum* (o ser lógico) que foi, efetivamente, distinguido pelo Estagirita[1]. Todavia, isto só em parte se enquadraria nas afirmações de Aristóteles, o qual apenas de passagem e quase acidentalmente chamou a lógica de "ciência"[2], considerando-a, sobretudo, como um estudo preliminar, isto é, uma propedêutica geral a todas as ciências. Portanto, o termo *organon*, que significa "instrumento", introduzido por Alexandre de Afrodísia para distinguir a lógica no seu conjunto (e sucessivamente utilizado também como título para o conjunto de todos os escritos aristotélicos relativos à lógica), define bem o conceito e o fim da lógica aristotélica, que pretende fornecer, justamente, os instrumentos mentais necessários para afrontar qualquer tipo de pesquisa[3].

1. Cf. *Metafísica*, E 2-4.

2. Cf. *Retórica*, A 4, 1359 b 10, onde se fala de "ciência analítica" (e *analítica*, como logo veremos, em Aristóteles, está no lugar de *lógica*).

3. Cf. Th. Waitz, *Aristotelis Organon*, 2 vols., Lípsia 1844-1846 (reimpresso em Aalen 1965), vol. II, pp. 293 s.

Todavia, deve-se ainda observar que o termo "lógica" não foi usado por Aristóteles para designar o que nós hoje entendemos por ele. O termo remonta à época de Cícero (e talvez seja de origem estoica), mas provavelmente só veio a consolidar-se com Alexandre[4]. O Estagirita chamava, ao invés, a lógica de "analítica", e *Analíticos* são intitulados os escritos fundamentais do *Organon*[5].

A analítica (do grego *análysis*, que significa *resolução*) explica o método com o qual, partindo de uma conclusão dada, a *resolvemos* nos elementos dos quais deriva, isto é, nas premissas das quais decorre e, portanto, a fundamos e justificamos. A analítica é, substancialmente, a doutrina do silogismo e, com efeito, essa doutrina constitui o núcleo fundamental, o eixo em torno do qual giram todas as outras figuras da lógica aristotélica. De resto, o Estagirita teve perfeita consciência de ser o descobridor do silogismo, tanto é verdade que, com toda clareza, no final das *Refutações Sofísticas*, afirma que sobre os discursos retóricos já existiam muitos e antigos tratados, mas sobre o silogismo não existia absolutamente nada[6]. O que equivale a dizer que foi, justamente, a descoberta do silogismo que possibilitou ao Estagirita a organização e a enucleação de toda a problemática lógica e a sua fundação, dado que a lógica (aristotelicamente entendida) é toda polarizada em torno do silogismo.

2. O quadro geral dos escritos lógicos e a gênese da lógica aristotélica

Para nos orientar na exposição da temática lógica, é oportuno traçar, em grandes linhas, o quadro geral que emerge dos escritos lógicos que nos chegaram. Eles certamente não foram compostos na ordem segundo a qual foram sistematizados pelos sucessores no *Organon*[7];

4. Cf. Ross, *Aristotele*, p. 29.

5. Aristóteles cita esses escritos também com a expressão *Escritos sobre o silogismo*, além de com o título *Analíticos*; cf. M. Mignucci, *Aristotele, Gli Analitici Primi*, Nápoles 1969, p. 40 e nota 2.

6. *Refutações Sofísticas*, 34, 183 b 34 s.; 184 a 8 ss.

7. Ver o *status quaestionis* in Mignucci, *Aristotele, Analitici Primi*, pp. 19 ss. Cf. ademais, V. Sainati, *Storia dell'Organon aristotelico*, Florença 1968.

todavia, é justamente nessa ordem sistemática que devem ser lidos. No centro, como se disse, estão os *Analíticos* (que Aristóteles talvez considerasse uma única obra)[8], os quais, muito cedo, foram divididos em *Primeiros Analíticos* e *Segundos Analíticos*. Os primeiros tratam da estrutura do silogismo em geral, das suas diferentes figuras e dos seus diferentes modos, considerando-o de maneira formal, isto é, prescindindo do seu valor de verdade e estudando só a coerência formal do raciocínio. (De fato, pode perfeitamente haver um silogismo formalmente correto, o qual, partindo de determinadas premissas, deduz consequências que se impõem a partir daquelas premissas; mas se tais premissas não são verdadeiras, o silogismo, embora formalmente correto, chega a conclusões não verdadeiras). Nos *Segundos Analíticos*, Aristóteles ocupa-se do silogismo, além de formalmente correto, também verdadeiro, ou seja, do *silogismo científico*, no qual consiste a verdadeira demonstração.

> Chamo demonstração — escreve Aristóteles — o silogismo científico; chamo científico aquele silogismo com base no qual, pelo fato de possuí-lo, temos ciência. Então, se ter ciência é assim como dissemos, é necessário que a ciência demonstrativa proceda de prótases verdadeiras, primeiras, imediatas, mais conhecidas, anteriores e causas das conclusões. Desse modo, com efeito, os princípios serão também pertinentes ao demonstrado. O silogismo, de fato, subsiste também sem essas condições, mas a demonstração não pode subsistir sem elas, uma vez que não produziria ciência[9].

Por consequência, além das premissas, os *Segundos Analíticos* ocupam-se de como estas são conhecidas e dos conexos problemas da definição.

Nos *Tópicos,* Aristóteles trata *do silogismo dialético*, isto é, o silogismo que parte de premissas simplesmente fundadas sobre a *opinião*, ou seja, sobre elementos que parecem aceitos por todos, ou aceitáveis para a maioria, e oferecem, portanto, tipos de argumentação puramente *prováveis*.

Enfim, nas *Refutações Sofísticas*, que na realidade deviam ser o último livro dos *Tópicos*[10], o filósofo ocupa-se das argumentações sofísticas.

---

8. Cf. Waitz, *Organon*, I, pp. 366 s.

9. *Segundos Analíticos,* A 2, 71 b 17-25.

10. Como último livro (*Iota*) dos *Tópicos,* Waitz o considera na sua edição do *Organon*; cf. a justificação que ele fornece no vol. II, pp. 528 s. Cf. também as indicações dadas por Mignucci, *Aristotele, Analitici Primi*, p. 19, nota 2.

Dado que os silogismos são constituídos de juízos ou proposições e estes, por sua vez, são constituídos de conceitos e termos, Aristóteles, por consequência, teve de ocupar-se tanto dos primeiros como dos segundos. Com efeito, nas *Categorias* e no *Sobre a Interpretação,* encontram-se, respectivamente, análises concernentes, de modo aproximativo, aos elementos mais simples da proposição, isto é, aos conceitos ou termos primeiros, ao juízo e à proposição; e assim pareceu aos sistematizadores do *Organon* perfeitamente natural situar esses tratados no início desse conjunto de obras, como se fossem preliminares aos *Analíticos* e aos *Tópicos*. Tal ligação subsiste, sem dúvida, mas é muito mais tênue do que se acreditou no passado. Em particular, deve-se notar que a doutrina do conceito e da proposição, tal como apresentada nos tratados de lógica clássica e em grande parte da manualística, é, na sua quase totalidade, fruto de reelaborações posteriores (especialmente medievais) de alguns elementos extraídos de Aristóteles.

Enfim, devemos recordar, para não deixar escapar o sentido histórico da lógica aristotélica, que ela nasceu de uma reflexão em torno aos procedimentos que os filósofos precedentes tinham atuado, principalmente (como se viu) a partir dos sofistas, e, sobretudo, em torno ao procedimento socrático, especialmente como foi ampliado e aprofundado por Platão. Certamente influiu também o método matemático, como o demonstra a própria terminologia usada para indicar muitas figuras da lógica. Mas a matemática não foi mais que *um* componente; e não existiam outras ciências cujos métodos pudessem sugerir a Aristóteles as suas descobertas. A lógica aristotélica tem uma gênese tipicamente filosófica: ela assinala o momento no qual o logos filosófico, depois de ter amadurecido completamente através da estruturação de todos os problemas, como vimos, torna-se capaz de pôr-se a si mesmo e ao próprio modo de proceder como problema e assim, depois de ter aprendido a raciocinar, chega a estabelecer o que é a própria razão, ou seja, como se raciocina, quando e sobre o que é possível raciocinar.

Só essa descoberta bastaria para dar a Aristóteles um dos primeiríssimos lugares na história do pensamento ocidental.

3. As categorias, os termos, a definição

O tratado sobre as *Categorias* contém, como se disse, algo que corresponde aproximadamente ao estudo do elemento mais simples da lógica. Se tomamos proposições como "o homem corre" ou "o homem vence", e rompemos o nexo, isto é, separamos o sujeito do predicado, obtemos palavras "sem conexão", ou seja, fora de qualquer laço com a proposição, como "homem", "vence", "corre" (ou seja, termos sem combinação que, combinando-se, dão origem à proposição). Ora, diz Aristóteles:

> Das coisas que se dizem sem qualquer conexão, cada uma significa ou a *substância*, ou a *quantidade*, ou a *qualidade*, ou a *relação*, ou o *onde*, ou o *quando*, ou o *ser numa posição*, ou *ter*, ou o *fazer* ou o *padecer*[11].

Como bem se vê, trata-se das *categorias* que já conhecemos pela *Metafísica*. Aqui são elencadas em número de dez (talvez em pitagórica homenagem ao número perfeito da dezena), mas sabemos que, na verdade, o número mais exato é oito, sendo "o ser numa posição" (o "jazer") e o "ter" subsumíveis sob outras categorias.

Ora, se do ponto de vista metafísico, como se viu, as categorias representam os significados fundamentais do ser, é claro que, *do ponto de vista lógico*, elas deverão ser (e consequentemente) *os supremos gêneros aos quais deve ser remissível qualquer termo da proposição*. Portanto, a passagem lida acima é claríssima: se decompomos uma proposição nos seus termos, cada um e todos os termos que obtemos significam, em última análise, uma das categorias. Assim, as categorias, oferecendo os significados últimos do ser, oferecem os significados últimos aos quais são redutíveis os termos de uma proposição. Tomemos a proposição "Sócrates corre" e decomponhamo-la: obtemos "Sócrates", que entra na categoria da substância, e "corre", que entra na categoria do "fazer". Assim, se digo "Sócrates está agora no Liceu", e decomponho a proposição, "no Liceu" será redutível à categoria do "onde", enquanto "agora" será redutível à categoria do "quando", e assim por diante.

Categoria foi traduzida por Boécio por "predicamento", tradução que só parcialmente exprime o sentido do termo grego e, não sendo

11. *Categorias*, 4, 1 b 25-27.

totalmente adequada, dá origem a numerosas dificuldades, em grande parte elimináveis quando se mantém o original. Com efeito, a primeira categoria serve sempre de sujeito e só impropriamente de predicado, como quando digo: "Sócrates é um homem" (isto é: Sócrates é uma substância); as outras servem de predicado (ou, se se prefere, são as supremas figuras de todos os possíveis predicados, os gêneros supremos de predicados). Naturalmente, dado que a primeira categoria constitui o ser sobre o qual se apoia o ser das outras, a primeira categoria será o sujeito e as outras não poderão ser senão nesse sujeito e, portanto, só elas poderão ser verdadeiros predicados.

Quando tomamos cada um dos termos da proposição isoladamente, não temos nem verdade nem falsidade. Diz Aristóteles:

> Estas coisas que elencamos, tomadas uma a uma, em si e por si, não constituem uma afirmação, a qual é gerada pela sua recíproca conexão; e, de fato, toda afirmação, como parece, é verdadeira ou falsa, mas das coisas ditas sem nenhuma conexão, nenhuma é verdadeira ou falsa, por exemplo: "homem", "branco", "corre", "vence"[12].

O que significa exatamente o seguinte: a verdade (ou falsidade) nunca está nos termos *tomados isoladamente*, mas *só no juízo que os liga*, e na proposição que exprime tal ligação.

Dado que as categorias não são simplesmente os termos que resultam da decomposição da proposição, mas os gêneros aos quais os termos são redutíveis ou sob os quais entram, as categorias são algo primeiro e não ulteriormente redutível. No máximo pode-se dizer que são "ser", mas o ser não é um gênero (como vimos), e não são definíveis, justamente porque não existe algo de mais geral ao qual recorrer para determiná-las.

Tocamos assim no problema da definição, que Aristóteles não trata nas *Categorias*, mas nos *Segundos Analíticos* e em outros escritos. Todavia, dado que a definição diz respeito aos termos e aos conceitos, devemos falar dela nesse momento, como, de resto, exige a exposição por problemas.

Dissemos que as categorias são indefiníveis, porque são generalíssimas, porque são os gêneros supremos. Indefiníveis são também os

12. *Categorias*, 4, 2 a 4-10.

indivíduos, por razões opostas, isto é, porque são particulares, e estão como nos antípodas das categorias: deles só é possível a percepção, isto é, uma captação puramente empírica. Mas entre as categorias e os indivíduos há toda uma gama de noções e conceitos, que vão do mais geral ao menos geral, e são os que, normalmente, constituem os termos dos juízos e das proposições que formulamos (o nome que indica o indivíduo só pode aparecer como sujeito). Todos esses termos, que estão entre a universalidade das categorias e a particularidade dos indivíduos, nós os conhecemos, justamente, através das definições (*horismós*).

Que é definir? Mais do que explicar o significado de uma palavra, é determinar o objeto que a palavra indica. Por isso explica-se bem a definição aristotélica da definição, como "o discurso que exprime a essência", ou "o discurso que exprime a natureza das coisas", ou "o discurso que exprime a substância das coisas"[13]. E para poder definir algo são necessários o "gênero" e a "diferença", diz Aristóteles, ou, como o pensamento aristotélico foi expresso com fórmula clássica, o "gênero próximo" e a "diferença específica"[14]. Se queremos saber o que quer dizer "homem", devemos, mediante a análise, individuar o "gênero próximo" no qual ele entra, que não é o de "ser vivo" (também as plantas são vivas), mas o de "animal" (o animal tem, além da vida vegetativa, também a sensitiva), e depois devemos analisar as "diferenças" que determinam o gênero animal, até que encontremos a "diferença última" distintiva do homem, que é "racional". O homem é "*animal* (gênero próximo) *racional* (diferença específica)". A essência das coisas é dada pela diferença última que caracteriza o gênero[15].

Naturalmente, vale para a definição dos conceitos individuais tudo o que dissemos das categorias: uma definição será válida ou não, mas nunca *verdadeira* ou *falsa*, porque verdadeiro e falso implicam sempre uma união ou separação de conceitos, *e isso só ocorre no juízo e na proposição*, da qual agora devemos falar.

---

13. Ver os vários lugares onde aparecem estas definições, indicados por Waitz, *Aristotelis Organon*, II, pp. 398 ss.

14. Cf. as passagens em Waitz, *Aristotelis Organon*, II, p. 399.

15. Ver em particular *Metafísica,* Z 12.

4. As proposições (o *Sobre a Interpretação*)

Quando unimos os termos (um substantivo e um verbo) entre si e afirmamos ou negamos algo de alguma coisa, então temos o juízo. O juízo é, pois, o ato com o qual afirmamos ou negamos um conceito de um outro conceito, e a expressão lógica do juízo é o *enunciado* ou *proposição*. Aristóteles, na verdade, não tem uma terminologia precisa sobre isso: o que nós chamamos *juízo*, ele o indica aproximadamente com *apóphasis* (negação) e *katáphasis* (afirmação), isto é, com termos que indicam as operações que constituem o juízo, e o que chamamos *proposição*, ele o indica com o termo *prótasis*. Juízo e proposição constituem a forma mais elementar de conhecimento, aquela forma que nos faz conhecer diretamente um nexo entre um predicado e um sujeito. O verdadeiro e o falso nascem com o juízo, isto é, com a afirmação e com a negação: tem-se o verdadeiro quando com o juízo conjuga-se o que é realmente conjugado (ou separa-se o que é realmente separado), tem-se, ao invés, o falso quando com o juízo conjuga-se o que não é conjugado (ou separa-se o que não é separado). Portanto, o enunciado ou proposição que exprime o juízo exprime sempre afirmação ou negação, e assim é verdadeira ou falsa[16]. (Note-se que uma frase qualquer não é uma proposição que interessa à lógica: todas as frases que exprimem pedidos, invocações, exclamações e semelhantes, estão fora da lógica e dizem respeito ao tipo de discurso retórico ou poético; entra na lógica somente o discurso *apofântico* ou declarativo)[17].

A primeira distinção que se deve fazer dos juízos é entre *juízos afirmativos* e *juízos negativos*, dado, justamente, que julgar é *afirmar* ou *negar* algo de alguma coisa. (E dado que a toda afirmação de uma coisa opõe-se a sua negação, e entre afirmação e negação não há via média, então, necessariamente, ou uma ou outra é verdadeira)[18].

Quanto ao que será chamado de "quantidade", isto é, a extensão (maior ou menor universalidade do sujeito), os juízos são divididos em *universais*, se dizem respeito a um universal (por exemplo: "Todos

16. Cf. *Sobre a interpretação*, caps. 1 e 9.
17. Cf. *Sobre a interpretação*, 4, 17 a 1-7.
18. Cf. *Sobre a interpretação*, 5-6.

os homens são brancos"; ou: "Nenhum homem é branco"), *individuais ou singulares* se dizem respeito a um indivíduo (por exemplo: "Sócrates é branco", ou "Sócrates não é branco"). Ademais pode haver um juízo que diz respeito a um universal, mas não é universal, como no caso: "Um homem é branco" (ou "alguns homens são brancos" e os correspondentes negativos); esse juízo foi denominado *particular*. (Nos *Analíticos*, Aristóteles falará de juízos *indefiníveis*). Quanto às proposições contraditórias universais e às singulares, uma ou outra é sempre falsa; ao invés, as proposições particulares contraditórias podem ser verdadeiras juntas (um homem é branco, outro não é branco)[19].

O *Sobre a Interpretação*, enfim, considera o *modo* como se afirma ou se nega algo de alguma coisa, portanto, a *modalidade* das proposições. Nós não só unimos um predicado com um sujeito e o separamos, dizendo é ou não é, mas às vezes especificamos também *de que modo* sujeito e predicado são unidos ou separados: de fato, uma coisa é dizer "tal sujeito *é* assim", e outra coisa é dizer "tal sujeito *deve ser* assim", e outra coisa ainda é dizer "tal sujeito *pode ser* assim". (Vejamos um exemplo particularmente iluminador: uma coisa é dizer "Deus *existe*", outra coisa é dizer "Deus *deve existir*", outra ainda "Deus *pode existir*"). Aristóteles reduz essas proposições que implicam necessidade e possibilidade à forma assertórica, e assim temos, para a necessidade, a proposição "A *é necessário* que seja B", e para a possibilidade "A *é possível* que seja B". As negações dessas proposições serão "A *não é necessário* que seja B", e "A *não é possível* que seja B". Ele, depois, desenvolve uma complexa série de considerações sobre essas proposições modais[20].

Ao invés, não se pode dizer que ele tenha individuado a ulterior distinção do juízo *hipotético* e do *disjuntivo*.

5. O silogismo

Quando afirmamos ou negamos algo de alguma coisa, isto é, julgamos e formulamos proposições, nós ainda não raciocinamos. E

19. Cf. *Sobre a interpretação*, 7.

20. Cf. *Sobre a interpretação*, 9 ss.

tampouco, obviamente, raciocinamos quando formulamos uma série de juízos e elencamos uma série de proposições desconexas entre si. Raciocinamos quando passamos de juízos a juízos, de proposições a proposições *que têm entre si determinados nexos*, e são, de certo modo, *causas* umas das outras, umas antecedentes, outras consequentes. Não há raciocínio se não há esse nexo, essa consequencialidade. Ora, o *silogismo* é, precisamente, o raciocínio perfeito, isto é, o raciocínio no qual a conclusão a que chega é, efetivamente, a consequência que brota, com necessidade, do antecedente.

Em geral, num raciocínio perfeito, isto é, num silogismo, deve haver três proposições, das quais duas servem de antecedentes e são, portanto, chamadas *premissas*, e a terceira é a consequente, isto é, a conclusão que brota das premissas. No silogismo sempre entram três termos, dos quais um serve de gonzo que une os outros dois, como veremos.

Vejamos o exemplo clássico de silogismo:

Se todos os *homens* são *mortais*,
e se *Sócrates* é *homem*,
então *Sócrates* é *mortal*.

Como se vê, que *Sócrates seja mortal* é a consequência que brota necessariamente de ter estabelecido que *todo homem* é mortal e que Sócrates é *homem*, sendo "homem" o termo sobre o qual se apoia para concluir.

Compreende-se, assim, a célebre definição dada por Aristóteles:

> Silogismo é um discurso (isto é, um raciocínio) no qual, postos alguns dados (isto é, premissas) segue necessariamente algo diferente deles, pelo simples fato de terem sido postos. E com a expressão "pelo simples fato de terem sido postos" entendo o que se segue por força deles e, ulteriormente, com a expressão "o que se segue por força deles", entendo o fato de não precisar de nenhum termo estranho em acréscimo para que tenha lugar a necessidade[21].

Comenta bem essa passagem um estudioso italiano: "O silogismo é, pois, caracterizado pelo fato de o consequente seguir-se necessariamente do antecedente, pelo simples fato de este ser posto. Neste

21. *Primeiros Analíticos*, A 1, 24 b 18-22.

sentido *as premissas são causa, não da verdade ou da falsidade ou, em geral, do conteúdo,* do consequente em si mesmo, *mas da sequência*, de modo que, assumido o antecedente, não pode não seguir dele o consequente. As premissas silogísticas têm por isso valor de *hipóteses* e devem ser precedidas da conjunção 'se'"[22]. No silogismo está em causa a *coerência* do raciocínio, o conteúdo de verdade deve ficar fora de questão, e será chamado em causa, como veremos, sob outra perspectiva.

E agora voltemos ao exemplo do silogismo feito. A primeira das proposições chama-se *premissa maior*, a segunda, *premissa menor*, a terceira, *conclusão*. Os dois termos que são unidos na conclusão chamam-se, o primeiro (que é o sujeito, Sócrates) *extremo menor*, o segundo (que é o predicado, mortal) *extremo maior*. E porque esses termos estão unidos entre si através de outro termo, que dissemos servir de gonzo, esse é chamado o *termo médio*, ou seja, o termo que opera a mediação[23].

Porém, Aristóteles não só estabeleceu o que é o silogismo, mas procedeu a uma série de complexas distinções das possíveis diferentes "figuras" dos silogismos e dos vários "modos" válidos de cada uma das figuras.

As diferentes figuras (*schémata*) do silogismo são determinadas pelas diferentes posições que o termo médio pode ocupar com relação aos extremos nas premissas. E como o médio *a*) pode ser sujeito na premissa maior, predicado na menor, *b*) ou pode ser predicado tanto na maior, como na menor, *c*) ou ainda pode ser sujeito em ambas as premissas, então *três serão as figuras possíveis do silogismo*. O exemplo que demos acima é da primeira figura, que é, segundo Aristóteles, a mais perfeita porque a mais natural, enquanto manifesta o processo de mediação do modo mais claro.

Mas como as proposições que servem de premissas podem variar pela "quantidade", isto é, ser ou *universais* ou *particulares*, e pela "qualidade", isto é, *afirmativas* ou *negativas*, então existirão múltiplas combinações possíveis para cada uma das figuras. Aristóteles, com análise exata, estabelece quais e quantas são essas possíveis

---

22. M. Mignucci, *La teoria aristotelica della scienza*, Florença 1965, p. 151.

23. Cf. *Primeiros Analíticos*, A 4.

combinações. São esses os "modos" do silogismo. As conclusões do Estagirita são as seguintes: existem quatro modos válidos da primeira figura, quatro da segunda e seis da terceira.

Das ulteriores distinções entre silogismos perfeitos e imperfeitos, do modo de reduzir os segundos aos primeiros, dos modos de reduzir os silogismos das outras três figuras aos da primeira, e das regras relativas à conversão das proposições para operar essas transformações, não é aqui o lugar de falar.

Nem é o caso de entrar nas questões da silogística *modal* afrontadas pelo Estagirita, isto é, as questões relativas aos silogismos que levam em conta a *modalidade* das proposições que servem de premissas (isto é, segundo sejam de *simples existência*, ou impliquem a modalidade da *necessidade*, ou a da *possibilidade*), com todas as possíveis combinações. Esta é a parte mais tumultuada e criticada da silogística aristotélica[24].

Enfim, como Aristóteles não reconheceu as proposições *hipotéticas* e *disjuntivas, não pôde fornecer uma doutrina do silogismo hipotético e disjuntivo.*

6. O silogismo científico ou demonstração

O silogismo enquanto tal mostra a essência do raciocínio, a estrutura da inferência, *prescindindo do conteúdo de verdade das premissas* (e, portanto, das conclusões). O silogismo "científico" ou "demonstrativo", ao contrário, diferencia-se do silogismo em geral justamente *porque diz respeito, além da correção formal da inferência, também ao valor de verdade das premissas* (e das consequências). Diz bem Mignucci: "O procedimento silogístico próprio da ciência chama-se demonstração; esta é um tipo particular de silogismo, que se diferencia dele, não pela *forma*, do contrário não poderia ser chamado propriamente silogismo, mas pelo *conteúdo* das premissas assumidas. Na demonstração, com efeito, as premissas devem ser

---

24. Sobre todas estas questões aqui só acenadas, o leitor encontrará as necessárias explicações e aprofundamentos na Introdução e no comentário de Mignucci, já citado.

sempre verdadeiras, enquanto não é necessário que isso se verifique no silogismo como tal, pois nesse último interessa determinar apenas se certo consequente procede ou não das premissas postas, pelo simples fato de serem postas, independentemente do valor de verdade que possam ter. Na demonstração, ao invés, sendo um procedimento que conduz à ciência do consequente, isto é, leva a saber se o consequente é verdadeiramente tal ou não, deve-se assumir um antecedente verdadeiro, dado que só do verdadeiro procede necessariamente o verdadeiro"[25].

A ciência, além da *correção* do procedimento formal, implica a *verdade* do conteúdo das premissas.

Mas leiamos uma passagem dos *Segundos Analíticos* sobre este ponto fundamental, já parcialmente citada acima:

> Afirmamos haver ciência de alguma coisa [...] quando conhecemos a causa em virtude da qual é a coisa, quando aquela é, justamente, a causa da coisa e não é possível que seja de outro modo [...]. Consequentemente é impossível que aquilo do qual há ciência em sentido próprio seja diferente de como é. Ora, se existe outro modo de ter ciência, nós falaremos em seguida [alusão ao saber intuitivo com o qual colhemos os primeiros princípios, como veremos abaixo]; por agora, digamos que ter ciência *é saber por demonstração*. Chamo demonstração o silogismo científico; chamo científico o silogismo com base no qual, pelo fato de possuí-lo, temos ciência. Então, se ter ciência é como dissemos [isto é, conhecer a causa], é necessário que a ciência demonstrativa proceda de prótases verdadeiras, primeiras, imediatas, mais conhecidas, anteriores e causas das conclusões. Deste modo, com efeito, os princípios serão também pertinentes ao demonstrado. O silogismo, de fato, subsiste também sem essas conclusões, *enquanto a demonstração não pode subsistir sem elas, já que não produziria ciência*[26].

A passagem revela, de maneira paradigmática, a ideia aristotélica de ciência. Ela é, fundamentalmente, um processo discursivo que tende a determinar o *porquê* ou a *causa*, e, das quatro causas que conhecemos, sobretudo a *causa formal* ou *essência*. Esta é, de fato, a causa fundamental, enquanto, exprimindo a essência ou natureza da coisa, representa precisamente aquele "meio" em virtude do qual

25. Mignucci, *La teoria aristotelica della scienza*, pp. 110 s.

26. *Segundos Analíticos*, A 2, 71 b 9-25.

estabelecemos a necessária conexão de certas propriedades com determinado sujeito. Compreende-se, assim, o significado de uma célebre afirmação do Estagirita na *Metafísica*:

> *Como nos silogismos*, assim o princípio de todos os processos de geração *é a substância*; de fato, *os silogismos derivam da essência*, e dela derivam também as gerações[27].

A substância (ou essência, ou forma, ou *eidos*), que está no centro da metafísica e da física, está também no centro da teoria da ciência, isto é, de todo o sistema aristotélico. Enquanto o silogismo aristotélico, em geral, implica elevado grau de formalismo, o silogismo científico, isto é, a demonstração científica, *resulta praticamente ligada à concepção metafísica da substância*, e a ciência aristotélica pretende ser pesquisa da substância e de todos os nexos que ela implica. Este ponto de vista é notavelmente distante do que foi assumido pelas ciências exatas da era moderna.

A passagem que lemos revela, ademais, um segundo ponto fundamental, a saber, como devem ser as premissas do silogismo científico ou demonstração. Em primeiro lugar, devem ser *verdadeiras*, pelas razões que amplamente ilustramos; depois, devem ser *primeiras*, ou seja, não carentes por sua vez de ulteriores demonstrações, *mais conhecidas e anteriores*, ou seja, inteligíveis por si e claras, mais universais que as conclusões, e causas da conclusões, porque devem conter as suas razões.

E assim chegamos a um ponto delicadíssimo da doutrina aristotélica da ciência. De fato, surge o seguinte problema: *como conhecemos as premissas*? Certamente não através de ulteriores silogismos, porque assim iríamos ao infinito. É por outra via. Qual via?

7. O conhecimento imediato

O silogismo é um processo substancialmente *dedutivo*, enquanto extrai verdades particulares de verdades universais. Mas como se captam as verdades universais? Aristóteles fala de *indução* e de *intui-*

---

27. *Metafísica*, Z 9, 1034 a 30-32.

ção como processos em certo sentido opostos ao silogismo, mas sempre pressupostos pelo próprio silogismo.

A indução (ἐπαγωγή) é o procedimento através do qual se extrai o universal do particular. Embora Aristóteles, nos *Analíticos*[28], tente mostrar que a própria indução pode ser silogisticamente tratada, não só não consegue, mas essa tentativa permanece totalmente isolada e, em geral, ele reconhece que a indução não é um raciocínio, mas um "ser conduzido" do particular ao universal por uma espécie de visão imediata ou intuição, ou como quer que se queira chamar esse conhecimento não mediado, ou ainda, se se prefere, por um procedimento no qual o "meio", em certo sentido, é dado pela experiência dos casos particulares (a indução é, substancialmente, o processo abstrativo)[29].

A *intuição* é, ao invés, a captação pura dos primeiros princípios. Portanto, também Aristóteles admite o intelecto intuitivo. Lemos nos *Segundos Analíticos*:

> Dado que dos hábitos racionais com os quais captamos a verdade, alguns são sempre verdadeiros, enquanto outros admitem o falso, como a opinião e o cálculo, enquanto o conhecimento científico e a *intuição* são sempre verdadeiros, e dado que nenhum outro gênero de conhecimento é *mais exato que o conhecimento científico, exceto a intuição*, e, por outro lado, os princípios são mais conhecidos que as demonstrações, e dado que todo conhecimento científico constitui-se de maneira argumentativa, não pode haver conhecimento científico dos princípios, e dado que não pode haver *nada mais verdadeiro que o conhecimento científico, exceto a intuição*, a intuição deve ter por objeto os princípios. Isso resulta na pesquisa, não só a quem faz essas considerações, mas também do fato de o princípio da demonstração não ser uma demonstração; consequentemente, princípio do conhecimento científico não é o conhecimento científico. Então, se não temos nenhum outro gênero de conhecimento verdadeiro além da ciência, *a intuição será princípio da ciência*. A intuição, então, pode ser considerada princípio do princípio, enquanto a ciência, no seu conjunto, é princípio com relação à totalidade do que é seu objeto[30].

Como se vê, essa página dá razão à instância de fundo do platonismo: o conhecimento discursivo supõe um conhecimento não

28. *Primeiros Analíticos*, B 23.

29. Ver as passagens indicadas por Bonitz, *Index Aristotelicus*, p. 264 a.

30. *Segundos Analíticos*, B 19, 100 b 5-17.

discursivo, a possibilidade do saber mediado supõe, necessariamente, um saber imediato.

8. Os princípios da demonstração

As premissas e os princípios da demonstração são captados ou por indução ou por intuição. Sobre isso deve-se notar que cada ciência assumirá, antes de tudo, premissas e princípios próprios, vale dizer, premissas e princípios peculiares a ela e somente a ela.

Em primeiro lugar, assumirá a existência do âmbito, ou melhor (em termos lógicos), a existência do *objeto* sobre o qual versarão todas as suas determinações, chamado por Aristóteles de *objeto-gênero*. Por exemplo, a aritmética assumirá a existência da unidade e do número; a geometria, a existência da grandeza espacial, e assim por diante; e cada uma das ciências caracterizará o seu objeto por via de *definição*.

Em segundo lugar, cada ciência definirá o significado de uma série de termos que lhe pertencem (a aritmética, por exemplo, definirá o significado de pares, ímpares, etc.; a geometria definirá o significado de mensurável, imensurável, etc.), mas *não* assumirá a *existência* desses, antes, a *demonstrará*, provando que se trata de *características* que competem ao seu objeto.

Em terceiro lugar, para poder fazer isso, as ciências deverão utilizar certos "axiomas", ou seja, proposições verdadeiras, mas de uma verdade intuitiva, e *é por força desses princípios que se dá a demonstração*. Exemplo de axioma é: "Se de iguais tiram-se iguais, permanecem iguais".

Conclui Aristóteles:

> Toda ciência demonstrativa é relativa a três elementos, ou seja, *ao que é dado como algo que é* (vale dizer, *o gênero do qual* a ciência considera as afecções por si [isto é, as características essenciais]), *aos axiomas chamados comuns*, sendo que dos primeiros deles procede-se nas demonstrações, e, enfim, *às afecções* cujos significados são assumidos[31].

---

31. *Segundos Analíticos*, A 10, 76 b 11-16.

Entre os axiomas, há alguns que são "comuns" a mais de uma ciência (como o acima citado), outros a todas as ciências sem exceção, como o princípio de não contradição (não se pode afirmar e negar do mesmo objeto, ao mesmo tempo e sob o mesmo aspecto, dois predicados contraditórios), e o princípio do terceiro excluído, estreitamente conexo ao de não contradição (não é possível que exista um termo médio entre dois contraditórios). São os famosos princípios transcendentais, isto é, válidos para toda forma de pensamento enquanto tal (porque válidos para todo ente enquanto tal), conhecidos por si e, portanto, primeiros, sobre os quais Aristóteles, de maneira expressa e ampla, discute no célebre quarto livro da *Metafísica*. Eles são as condições incondicionadas de toda demonstração (e são, obviamente, indemonstráveis, porque toda forma de demonstração os pressupõe estruturalmente)[32]. O princípio de identidade, implícito na doutrina de Aristóteles, não é expressamente tematizado.

9. O silogismo dialético, os silogismos erísticos e os paralogismos

Vimos que a teoria do *silogismo em geral* refere-se à pura correção formal da inferência; a teoria do *silogismo científico* ou demonstração refere-se também ao conteúdo de verdade da inferência, que, como vimos, depende da verdade das premissas. Só existe silogismo científico quando as premissas são verdadeiras e têm as características acima examinadas. *Quando as premissas, em vez de verdadeiras, são simplesmente prováveis, isto é, fundadas na opinião, então ter-se-á o silogismo dialético*, que Aristóteles estuda nos *Tópicos*.

O objetivo desse tratado é perfeitamente explicado por Aristóteles como segue:

> O fim que esse tratado se propõe é encontrar um método a partir do qual possa constituir, em torno a qualquer formulação de pesquisa proposta, silogismos que partam de elementos *fundados na opinião*, e a partir do qual não diga nada de contraditório com relação à tese que nós mesmos defende-

32. Ver *Metafísica*, Γ 3-8 e o nosso comentário, vol. III, pp. 163-197.

mos. Antes de tudo é preciso, então, dizer o que é um silogismo e as diferenças que distinguem a sua esfera, a fim de que possamos assumir o *silogismo dialético*: no presente tratado indagamos, de fato, este último. Silogismo é, propriamente, um discurso no qual, postos alguns elementos, resulta necessariamente, através dos elementos estabelecidos, algo diferente deles. Tem-se assim, de um lado, demonstração, quando o silogismo é constituído e deriva de elementos verdadeiros e primeiros, ou de elementos tais que assumam o princípio do conhecimento que lhes diz respeito através de certos elementos verdadeiros e primeiros. *Dialético é, por outro lado, o silogismo que conclui de elementos fundados na opinião.* Elementos verdadeiros e primeiros são, ademais, os que tiram a sua credibilidade, não de outros elementos, mas de si próprios: diante dos princípios das ciências, não é necessário buscar ulteriormente o porquê, e é preciso, ao invés, que cada princípio seja por si mesmo digno de fé. *Fundados na opinião são, ao contrário, os elementos que se mostram aceitáveis a todos, ou à grande maioria, ou aos sábios, e entre esses, ou a todos, ou à maioria deles, ou aos especialmente célebres e ilustres*[33].

O silogismo dialético, segundo Aristóteles, serve para tornar-nos capazes de discutir e, em particular, individuar, quando discutimos com as pessoas comuns ou com as pessoas cultas, quais são os seus pontos de partida e o que, nas suas conclusões, concorda ou não com eles, não a partir de pontos de vista estranhos a eles, mas no seu próprio ponto de vista: ensina-nos a discutir com os outros, fornecendo-nos os instrumentos para sintonizar com eles. Ademais, serve à ciência, não só para debater corretamente os prós e os contras das várias questões, mas para acertar os primeiros princípios que, como sabemos, sendo silogisticamente irredutíveis, só podem ser captados indutiva ou intuitivamente; mas tanto a indução como a justificação de uma intuição supõem uma discussão com as opiniões da maioria ou dos sábios:

Este tratado — diz Aristóteles — é também útil com relação aos primeiros dentre os elementos que dizem respeito a cada ciência. Partindo, de fato, dos princípios próprios da ciência em exame, é impossível dizer qualquer coisa a respeito dos próprios princípios, pois estes são os primeiros dentre todos os elementos, *e é assim necessário penetrá-los através dos elementos fundados sobre a opinião, que dizem respeito a cada objeto.* Esta, ademais,

33. *Tópicos*, A 1, 100 a 18-b 23.

é a atividade própria da dialética ou, pelo menos, aquela que mais lhe convém: sendo, com efeito, empenhada na pesquisa, ela remete aos primeiros princípios de todas as ciências[34].

Com bem se vê, em Aristóteles, "dialética" assume um significado muito diferente do que em Platão (ou, se se quer, mantém o significado mais frágil e menos específico que tinha em Platão, dado que, para ele, dialética era especialmente a ciência das relações entre as Ideias). Mas os *Tópicos* não aprofundam esse segundo ponto, limitando-se, prioritariamente, ao primeiro e, por consequência, aproximando-se muito da retórica[35].

O termo "tópicos" (topoi) significa *lugares* e indica, metaforicamente, os quadros ideais nos quais entram e, portanto, dos quais se extraem os argumentos, como *sedes et quasi domicilia argumentorum*, como dirá Cícero[36].

Os *Tópicos* descrevem assim os "arquivos dos quais o raciocínio dialético deve extrair os seus argumentos", como bem disse Ross, o qual, justamente assim avalia esta obra aristotélica, que é, certamente, a menos estimulante dentre as que compõem o *Organon*: "A discussão pertence a um superado modo de pensar; é um dos últimos esforços do movimento do espírito grego em direção de uma cultura geral, que tenta discutir qualquer objeto sem estudar-lhe os apropriados princípios primeiros, conhecido com o nome de movimento sofístico. O que distingue Aristóteles [i.é, por aquilo que ele diz nos *Tópicos*] dos sofistas, pelo menos segundo o modo como estes nos são apresentados por ele e por Platão, é que o seu objetivo não consiste em ajudar os seus ouvintes e leitores a alcançar o lucro e a glória com uma falsa aparência de sapiência, mas consiste em discutir as questões do modo mais sensato possível sem um conhecimento especial. Mas ele mesmo mostrou uma via melhor, a via da ciência. Foram os seus *Analíticos* que puseram fora de moda os seus *Tópicos*"[37].

---

34. *Tópicos*, A 2, 101 a 36-b 4.

35. Para uma exata exposição da "dialética" aristotélica cf. C. A. Viano, *La logica di Aristotele*, Turim 1955, cap. IV, *passim*.

36. Cícero, *De oratore*, 2, 39, 162 (cf. Aristóteles, *Tópicos*, H, *in fine*).

37. Ross, *Aristotele*, pp. 86 s.

Enfim, um silogismo, além de premissas fundadas sobre a opinião, pode derivar de premissas que *parecem* fundadas sobre a opinião (mas, na realidade, não o são), e tem-se então o silogismo *erístico*. E dá-se também o caso de certos silogismos que *só são tais na aparência* e *parecem concluir, mas na realidade só concluem por causa de algum erro*, e tem-se então os *paralogismos*, ou seja, os *raciocínios errados*. Ora, as *Refutações Sofísticas* (que também são consideradas como o nono livro dos *Tópicos*[38]) estudam exatamente as refutações (*élenchos* quer dizer, justamente, refutação) sofísticas, ou seja, falaciosas. (Como vimos no primeiro volume, os sofistas eram normalmente identificados com a pior parte deles, isto é, com os eristas, que não visavam senão refutar o interlocutor com argumentações capciosas). A refutação correta é um silogismo cuja conclusão contradiz a conclusão do adversário; as refutações dos sofistas, ao invés (e, em geral, as suas argumentações), eram tais que *pareciam* corretas, mas na realidade não eram, e valiam-se de uma série de artifícios para enganar os não especialistas. As *Refutações Sofísticas* estudam todos os ramos desses possíveis enganos com notável perspicácia, e estudam os paralogismos mais característicos que os possibilitam.

10. A lógica e a realidade

Estudiosos disseram e repetiram, que a lógica aristotélica é, de algum modo, defasada com relação ao real: a lógica, com efeito, refere-se ao *universal,* a realidade, ao invés, é *individual* e *particular*; o universal não é real, o real não é passível de ser submetido à lógica. Se fosse assim, o real escaparia por inteiro às malhas da lógica. Na verdade, não é assim; de fato, tal interpretação supõe que a aristotélica *substância primeira* seja o indivíduo empírico, o que não é verdade, como bem sabemos. O indivíduo é *composto* de matéria e forma. E se, num sentido, substância é o *composto*, *em sentido mais forte* (em sentido propriamente ontológico e metafísico e, portanto, primário) *substância é a forma ou a essência que determina a matéria*[39]. O

38. Cf. *supra*, a nota 10.

39. In *Metafísica*, Z 7, 1032 b 1 ss. Aristóteles diz, sem meios termos: "Chamo 'forma' (*eidos*) a essência de cada coisa e a *substância primeira*".

composto é um τόδε τι, isto é, *algo empiricamente determinado,* mas também a forma é um τόδε τι, vale dizer, *algo inteligivelmente determinado*. Enquanto captada pelo pensamento, ela *torna-se* universal, no sentido em que, de estrutura ontológica determinante de uma coisa, torna-se conceito captado como capaz de referir-se a uma pluralidade de coisas e, portanto, capaz de predicar-se de vários sujeitos (de todos os que têm aquela estrutura). A forma ontológica torna-se, assim, *espécie* lógica.

As ulteriores operações mentais, analisando as formas, descobrem estruturais possibilidades de compreendê-las em gêneros. Estes representam universais mais amplos e são como uma matéria lógica ou inteligível da qual a forma é especificação, e eles ampliam-se sucessivamente em universalidade até as categorias (gêneros supremos). E acima das categorias o pensamento ainda descobre um universal que não é mais dado por um gênero, mas por uma relação analógica: tais são o *ser* e o *uno*. Mas essas operações do pensamento não têm valor meramente nominal, porque são fundadas sobre a própria estrutura do real, que é uma estrutura *eidética*, como vimos de modo preciso na metafísica[40].

Como é sabido, Kant sustentou que a lógica aristotélica (entendida como lógica puramente formal) era perfeita. Depois das descobertas da lógica simbólica, ninguém mais pode repetir esse juízo, pois a aplicação de símbolos tornou muito mais ágil o cálculo lógico e modificou muitas coisas. Ademais, é bem difícil afirmar que o silogismo seja a forma própria de qualquer mediação e de qualquer inferência, como acreditava Aristóteles. Mas, quaisquer que tenham sido ou possam ser as objeções levantadas contra a lógica aristotélica, e por tudo o que de verdadeiro possa haver nas instâncias que vão do *Novo Organon* de Bacon ao *Sistema de lógica* de Stuart Mill, assim como nas instâncias que vão da lógica transcendental kantiana

---

40. Remetemos, para todos os oportunos aprofundamentos, ao nosso comentário ao livro Z da *Metafísica*; o livro Z é verdadeiramente essencial para compreender todo o pensamento aristotélico. A lógica (assim como qualquer outro ramo da especulação aristotélica) não se compreende senão sobre a base da doutrina da substância-forma, tal como vem exposta naquele livro.

à hegeliana lógica da razão (lógica do infinito) ou, enfim, nas instâncias lógicas das metodologias das ciências modernas, contudo, é certo que a lógica ocidental, no seu complexo, tem raízes no *Organon* de Aristóteles, o qual, como dizíamos acima, continua sendo uma pedra miliar na história do pensamento ocidental.

II. A RETÓRICA

1. A gênese platônica da retórica aristotélica

As pesquisas sobre a retórica têm uma considerável história anterior a Aristóteles, desde Górgias (o primeiro a tentar uma definição e uma exploração teórica da mesma) até Platão (que, depois de tê-la condenado decididamente, como vimos, tentou em seguida uma parcial recuperação). Foi justamente em temas de retórica que, como sabemos, Aristóteles lançou-se como escritor, compondo e publicando o *Grilo* (que logo lhe valeu, por parte de Platão, o encargo de dar lições sobre essa matéria no âmbito da Academia). No *Grilo*, Aristóteles tomava posição contra Isócrates e contra a retórica isocrática, defendia o ideal filosófico da paideia platônica e parecia acolher a perspectiva que o próprio Platão expressara sobre a retórica, sobretudo no *Fedro*[1].

Também no tratado de *Retórica*, o Estagirita mantém aquela concepção de fundo. A retórica, para ser autêntica, não pode ser separada do verdadeiro e do justo, e não pode fundar-se sobre a moção dos sentimentos. O retórico deve conhecer as coisas sobre as quais quer convencer, assim como deve conhecer a alma dos ouvintes na qual deve introduzir a persuasão. Em suma, a verdadeira arte retórica deve pressupor os valores teóricos e morais, e, em última instância, deve fundar-se sobre eles.

Há tempos os estudiosos deram-se conta (e isso, a nosso ver, é uma particular confirmação da interpretação geral de Aristóteles que apresentamos) de que a retórica aristotélica "pode ser considerada como tendo o propósito de realizar o ideal exposto por Platão no *Fedro*"[2]. Com efeito, do começo ao fim do seu tratado, o Estagirita mostra-se firmemente convencido de que a retórica não pode e não deve estar senão a serviço dos valores do verdadeiro, do justo e do bom. Ele escreve expressamente:

---

1. Para uma reconstrução do *Grilo* ver Berti, *La filosofia del primo Aristotele*, pp. 159 ss.

2. Gomperz, *Pensatori greci*, IV, p. 617.

A retórica é útil porque, por natureza, a verdade e a justiça são mais fortes do que os seus contrários, de modo que se os juízos não ocorrem como deveriam, é porque, necessariamente, são inferiores a eles[3].

Mas vejamos, em particular, a natureza, as características peculiares e os fins específicos da retórica.

2. A definição da retórica e as suas relações com a dialética, com a ética e com a política

Aristóteles, assim como Platão, permanece perfeitamente persuadido, em primeiro lugar, de que a retórica não tem a tarefa de *ensinar* e de *admoestar* sobre a verdade ou os valores ético-políticos em geral, nem sobre a verdade ou os valores particulares: essa é, de fato, tarefa própria da filosofia, de um lado, e das ciências e artes particulares, de outro. O objetivo da retórica é "persuadir" ou, mais exatamente, *descobrir os modos de persuadir em geral e sobre quaisquer argumentos*. Escreve o Estagirita:

> Definimos, pois, a retórica como a faculdade de descobrir em todo assunto o que é capaz de persuadir. Esta, com efeito, não é a função de nenhuma arte; cada uma das artes tem em vista o ensinamento e a persuasão sobre o próprio objeto: a medicina, sobre os casos de saúde e de enfermidade, a geometria sobre as variações que ocorrem nas grandezas, a aritmética, sobre os números, e de modo semelhante as outras ciências. A retórica, ao invés, parece poder descobrir o que persuade, por assim dizer, sobre qualquer assunto dado[4].

A retórica é, pois, uma espécie de metodologia da persuasão, uma arte que analisa e define os procedimentos com os quais o homem busca convencer os outros homens e individua as estruturas fundamentais da persuasão. *Sob o aspecto formal*, a retórica apresenta analogias com a lógica, que estuda as estruturas do pensar e do raciocinar, e, em particular, apresenta analogias com a parte da lógica que Aristóteles chama "dialética". De fato, como vimos, a dialética

3. *Retórica,* A 1, 1355 a 20-23.

4. *Retórica,* A 2, 1355 b 26-34.

estuda as estruturas do pensar e do raciocinar que procedem, não de elementos fundados cientificamente, mas de elementos *fundados sobre a opinião*, ou seja, os elementos que se mostram *aceitáveis a todos ou à grande maioria dos homens*. Analogamente a retórica estuda os procedimentos com os quais os homens aconselham, acusam, defendem-se, elogiam (estas, com efeito, são todas atividades específicas da persuasão) em geral, não procedendo de conhecimentos científicos, mas de opiniões prováveis.

Se, porém, do ponto de vista da forma, a retórica assemelha-se à dialética, *do ponto de vista do conteúdo*, ao invés, assemelha-se à ética e à política. Com efeito, se é verdade que ela, por si, refere-se à estrutura da persuasão em geral, é também verdade que os homens exercem as suas atividades de persuasão sobretudo nos tribunais (para acusar ou defender), nas assembleias (para aconselhar e fazer adotar determinadas deliberações) e, em geral, para louvar ou lastimar (sobre o bem e o mal, sobre a virtude e o vício); ora, tudo isso, como é evidente, tem a ver com a ética e com a política.

Em conclusão, diremos que a retórica é o correlativo analógico ou equivalente da dialética, *se consideramos a sua base teórica*, ou seja, o seu procedimento formal; ela é, ao invés, estritamente ligada à ética e à política (e, em parte, à psicologia), *se consideramos a sua esfera de aplicação*.

Portanto, Aristóteles pode, corretamente, concluir que:

> A retórica é como um ramo da dialética e da ciência dos costumes, que se denomina, justamente, política[5].

3. Os diferentes argumentos de persuasão

A distinção entre o aspecto *formal* e o aspecto *do conteúdo* da retórica, além de ser importante para a compreensão das relações da retórica com a dialética, de um lado, com as ciências ético-políticas, de outro, é fundamental para compreender todo o tratamento aristotélico da retórica e a mobilidade com a qual ela passa de um plano ao outro,

---

5. *Retórica*, A 2, 1356 a 25-27.

assim como os diferentes modos em que se cruzam considerações metodológicas, ético-políticas e, também, psicológicas.

Referindo-se ao aspecto formal da retórica, Aristóteles distingue, antes de tudo, os argumentos persuasivos *não técnicos* dos argumentos *técnicos*. As argumentações não técnicas (o texto das leis, os testemunhos, as convenções, as declarações sob tortura, os juramentos) são dadas de antemão, e não nos compete buscá-las (podemos servir-nos delas, sem ter necessidade de descobri-las)[6]. Ao contrário, as argumentações técnicas são específicas do retórico, e são de três espécies, segundo *a*) refiram-se ao orador e visem dar-lhe credibilidade, *b*) ou tendam a dispor o ânimo do ouvinte a deixar-se convencer, apoiando-se sobre as emoções, *c*) ou visem à intrínseca validez e eficácia da própria argumentação. Eis como Aristóteles motiva essa distinção:

> Três são as espécies de argumentações fornecidas pelo discurso: *a*) umas residem no caráter do orador, *b*) outras em dispor o ouvinte de determinada maneira, *c*) as outras, enfim, no próprio discurso, através da demonstração ou da aparência de demonstração.
>
> *a*) As argumentações baseadas no caráter ocorrem quando o discurso é dito de maneira a tornar digno de fé o orador; de fato, nós acreditamos, e tanto mais facilmente, nas pessoas honestas quanto às questões gerais, e acreditamos nelas totalmente quanto às questões que não comportam certeza, mas opinião. Mas é preciso que essa confiança venha do discurso e não de uma opinião pré-constituída sobre o caráter do orador [...].
>
> *b*) As argumentações baseadas nos ouvintes ocorrem quando estes são conduzidos pelo discurso a uma paixão; de fato, não pronunciamos um juízo da mesma maneira se estamos entristecidos ou contentes, ou em amizade ou em ódio [...].
>
> *c*) Ocorrem argumentos baseados no discurso, quando mostramos o verdadeiro ou o verdadeiro aparente a partir do que cada argumento oferece de persuasivo[7].

Ora, os desenvolvimentos dos retóricos escassamente atenderam ao primeiro ponto e, até mesmo, ignoraram o último, concentrando toda a atenção sobre o segundo, ou seja, sobre a moção dos sentimen-

6. Cf. *Retórica,* A 2, 1355 b 35 ss.; A 15, 1375 a 22 ss.

7. *Retórica,* A 2, 1356 a 1-20.

tos. Aristóteles, ao invés, desenvolve o seu tratamento em todas as três direções, destacando a terceira como a mais válida.

Com relação ao primeiro ponto, o caráter do orador, o Estagirita observa que, para ser digno de fé e persuasivo, um orador deve ser ou mostrar-se dotado dessas três qualidades: sabedoria, honestidade, benevolência. De fato, os oradores podem errar ao falar sobre algo e ao aconselhá-lo, ou por falta de sabedoria, ou porque, mesmo sabendo o que seria oportuno aconselhar, não o aconselham por desonestidade, ou, enfim, porque, mesmo sabendo o que deveria ser aconselhado e mesmo sendo honestos, não têm benevolência por aqueles com quem falam. Os meios que lhes permitam mostrar-se com tais qualidades devem ser extraídos da ética, à qual Aristóteles remete[8].

O segundo ponto, ao invés, é aprofundado mediante uma análise fenomenológica, muito rica e viva, das emoções e das paixões que comumente se encontram nos ouvintes. Conforme o estado de ânimo no qual se encontra o ouvinte, ele julga de modo diferente as mesmas coisas e, por isso, um conhecimento da psicologia das paixões (isto é, o conhecimento da alma humana que, já no *Fedro*, Platão punha como um dos fundamentos da verdadeira retórica[9]) é indispensável ao orador. Esta parte da *Retórica*, que se dedica não só à análise das paixões individuais, mas à descrição das características psíquicas das diferentes idades da vida humana (juventude, maturidade e velhice), e até mesmo à determinação das diferentes disposições de ânimo ligadas às características provenientes dos diferentes bens de fortuna (ou seja, à determinação das diferentes psicologias dos ricos, dos nobres e dos poderosos), revela um conhecimento verdadeiramente surpreendente dos homens[10].

O terceiro ponto refere-se às argumentações lógicas, e é o que, como já dissemos, Aristóteles considera mais importante e mais novo. Este é também o mais técnico, e é o que leva a retórica a conjugar-se com a dialética, como agora veremos.

---

8. *Retórica,* B 4, 1378 a 5 ss.

9. Cf. Platão, *Fedro*, 270 a ss.

10. Cf. *Retórica,* B 2-17.

4. O entimema, o exemplo e as premissas do silogismo retórico

Como já vimos acima, a retórica não *ensina*, pois isso é tarefa da ciência, e a maior parte dos homens não é capaz de seguir o raciocínio científico. As argumentações que a retórica oferece deverão partir, não das premissas originais das quais parte a demonstração científica, mas das *convicções comumente admitidas* das quais também parte a dialética. Ademais, a retórica não decomporá, na sua demonstração, as várias passagens através das quais o ouvinte comum se perderia, mas extrairá rapidamente as conclusões das premissas, saltando, justamente, a mediação lógica, pelas razões ditas. Esse tipo de raciocínio, ou silogismo retórico, chama-se "entimema". O entimema é, pois, um silogismo que parte de premissas prováveis (das convicções comuns e não dos princípios primeiros), é conciso e não desenvolvido nas várias passagens. Além do entimema, a retórica vale-se do "exemplo", que não implica mediação lógica de qualquer gênero, mas torna imediatamente evidente o que se quer provar. Como o entimema retórico corresponde ao silogismo, assim o *exemplo* retórico corresponde à *indução* lógica, enquanto responde a uma função perfeitamente análoga.

Eis algumas passagens significativas, que ilustram com muita clareza esses conceitos:

> Como é evidente que o método técnico refere-se à argumentação e a argumentação é uma demonstração (de fato, acreditamos sobretudo no que consideramos demonstrado), e como a demonstração retórica é o entimema, e este é, em geral, a mais importante das argumentações, e como o entimema é determinado tipo de silogismo, e o estudo de todo silogismo é tarefa da dialética, de toda ela ou de parte dela, então é evidente que quem melhor puder conhecer de onde e como gera-se o silogismo, este será o maior especialista em entimemas, desde que conheça também os argumentos sobre os quais desenvolvem-se os entimemas e as suas diferenças relativamente aos silogismos lógicos. É, de fato, tarefa da mesma faculdade discernir o verdadeiro e o que é semelhante ao verdadeiro; ademais, os homens são suficientemente dotados para o verdadeiro e alcançam na maioria dos casos a verdade: portanto, visar à probabilidade e visar à verdade pertencem à mesma disposição[11].

11. *Retórica,* A 1, 1355 a 3-18.

Quanto às argumentações que se fazem através de demonstração ou de aparência de demonstração, assim como na dialética existem a indução, o silogismo e o silogismo aparente, também aqui acontece de maneira semelhante; de fato, o exemplo é uma indução, o entimema, um silogismo [o entimema aparente, um silogismo aparente]. Chamo entimema o silogismo retórico, chamo exemplo a indução retórica. *Todos os oradores fornecem as provas através da demonstração, ou através de exemplos ou de entimemas, e nada mais além desses*; por isso, se em geral é necessário que se demonstre qualquer coisa, ou pelo silogismo ou pela indução (isso resulta evidente pelos *Analíticos*[12]), é necessário que cada um desses dois métodos seja igual em ambas as artes. A diferença entre o exemplo e o entimema é esclarecida nos *Tópicos* (lá, de fato, falou-se anteriormente do silogismo e da indução)[13]. A demonstração de que uma coisa é de certo modo, partindo de muitos casos semelhantes, nos *Tópicos* é indução e aqui exemplo; ao invés, quando, a partir de certas premissas, resulta algo diferente e ulterior pelo fato de as premissas serem tais, seja universalmente, seja na maioria dos casos, isto nos *Tópicos* é silogismo e aqui é entimema[14].

Dos argumentos suscetíveis de silogismos e de inferências, alguns são extraídos de proposições já anteriormente deduzidas por silogismo, outros, ao invés, de proposições não deduzidas silogisticamente, mas que precisam do silogismo por não serem de opinião comum. Os primeiros não são fáceis de seguir pela extensão da dedução (no caso em que o juiz seja um homem simples); os outros argumentos, ao contrário, não são persuasivos por serem extraídos de proposições sobre as quais não se está de acordo e por não serem de opinião comum; por isso é necessário que o entimema e o exemplo sejam sobre questões que podem, na maioria dos casos, ser de diferentes modos, e que o exemplo seja uma indução, e o entimema, um silogismo extraído de poucas proposições, normalmente menos numerosas do que aquelas das quais se extrai o silogismo da primeira figura. Se, depois, uma dessas é conhecida, não é necessário nem mesmo enunciá-la [...][15].

5. Os três gêneros de retórica

Se passamos das considerações relativas à forma do discurso retórico às considerações relativas ao seu conteúdo, é preciso distin-

12. Cf. *Primeiros Analíticos*, B 23 e *Segundos Analíticos*, A 1.

13. Cf. *Tópicos*, A 1, 100 a 25 ss.; A 12, 105 a 13 ss.

14. *Retórica*, A 2, 1356 a 35-b 17.

15. *Retórica*, A 2, 1357 a 7-18.

guir *três gêneros diferentes de retórica.* O discurso retórico, com efeito, *a*) pode ser dirigido, nas assembleias políticas, *aos próprios membros das assembleias*, para induzi-los a tomar determinadas deliberações; *b*) ou pode ser dirigido, nos tribunais, *aos juízes,* para induzi-los a julgar de determinado modo; *c*) enfim, pode ser dirigido a *simples espectadores* e ouvintes, para celebrar determinados atos ou eventos. Tem-se, assim, três gêneros de retórica: o *deliberativo*, o *judiciário* e o *epidíctico* (celebrativo).

Próprio da retórica deliberativa é *aconselhar* sobre o *futuro* (em toda assembleia política delibera-se sobre coisas relativas ao futuro e, em geral, quem aconselha ou desaconselha só pode referir-se ao futuro). Próprio da retórica judiciária é, ao invés, *defender* ou *acusar*, com referência a atos ou circunstâncias *passados* (para demonstrar que tais atos e circunstâncias não aconteceram ou aconteceram contra o que é estabelecido pela lei). Enfim, próprio da retórica epidíctica ou celebrativa é *elogiar* ou *lastimar*, em geral, fatos ou eventos *presentes* (para convencer de que são dignos de louvor ou de lástima)[16].

Essa distinção dos três gêneros de retórica, além da diferença dos três gêneros de ouvintes aos quais se dirige (o membro da assembleia, o juiz do tribunal e o ouvinte comum), além da diferença dos atos com os quais se envolve (aconselhar-desaconselhar, defender-acusar, elogiar-lastimar) e além da diferença dos tempos que pressupõe (futuro, passado, presente), implica uma diferença bem precisa dos fins que cada um dos gêneros persegue em particular. Olhando bem (como algum estudioso não deixou de observar[17]), a verdadeira motivação da diversidade dos gêneros de retórica é de caráter axiológico: a retórica deliberativa tem como fim o valor do *útil*, a retórica judiciária tem como fim o valor do *justo* e a retórica celebrativa tem como fim o valor do *belo-bom.* Também desse ponto de vista são, portanto, inegáveis as raízes metafísicas da retórica aristotélica e as suas instâncias tipicamente platônicas. De resto, eis um texto muito eloquente sobre o tema:

16. Cf. *Retórica,* A 3, 1358 a 36 ss.

17. Cf. por exemplo O. Kraus, *Neue Studien zur aristotelischen Rhetorik,* Aia 1907.

Cada um desses gêneros tem um fim diferente; e sendo três os gêneros, existem três fins. O aconselhar tem como fim o *útil e o nocivo*: quem, de fato, aconselha algo, recomenda-o como *melhor*, quem desaconselha considera-o *pior*, e somando-se a esse fim, ele acrescenta depois, como apoio, outros, tais como o justo ou o injusto, o belo ou o feio. Os contendedores em juízo têm por fim *o justo e o injusto*; também esses acrescentam outros fins como apoio a este. Ao invés, os que louvam e lastimam têm como fim o *belo e o feio* [em sentido ético]; também eles referem a este os outros fins[18].

Naturalmente, cada um desses três gêneros de retórica possui argumentações peculiares, que partem de premissas igualmente peculiares; Aristóteles tem o cuidado de ilustrá-los de modo pormenorizado com amplas referências à ética e à política, buscando dar um quadro o mais exaustivo possível sobre o que deve conhecer, tanto o orador político, como o judiciário e o que pretende fazer discursos celebrativos, em vista de alcançar adequadamente o objetivo de cada um e a fim de ser perfeitamente persuasivo[19].

6. A tópica da retórica

Voltemos agora ao *aspecto formal* da retórica e à sua *estrutura lógica*, para concluir. Vimos que a retórica é, substancialmente, aparentada com a dialética, enquanto os seus raciocínios partem de premissas prováveis e verossímeis (a retórica difere da dialética apenas porque tende a *persuadir* e deve levar o ouvinte a um juízo, justamente mediante a persuasão). Vimos, ademais, que o exemplo e o entimema são os procedimentos indutivos e dedutivos próprios da retórica. Aristóteles esclarece ulteriormente que o exemplo pode ser extraído de fatos verdadeiramente acontecidos, ou inventados; nesse último caso constitui uma parábola (como, por exemplo, nos discursos socráticos) ou uma fábula (como, por exemplo, as de Esopo)[20]. A máxima ou sentença, tão cara à sabedoria grega (recorde-se a importância das sentenças atribuídas aos sete sábios)[21], é uma premissa ou

18. *Retórica,* A 3, 1358 b 20-29.

19. Cf. *Retórica,* A 4-14.

20. Cf. *Retórica,* B 20.

21. Ver o vol. I, pp. 183-185 ss.

uma conclusão de um entimema ou até mesmo um entimema, conforme o modo segundo o qual é formulada (se se inclui na máxima a razão do que se afirma tem-se um verdadeiro entimema)[22].

O entimema, como o silogismo, pode ser, ademais, demonstrativo ou confutativo: o entimema demonstrativo é o que conclui de premissas sobre as quais o orador e os ouvintes estão de acordo, o confutativo é o que extrai conclusões discordantes das do adversário[23].

Dos entimemas formalmente considerados, ou seja, prescindindo do seu conteúdo específico, é possível indicar alguns focos gerais dos quais derivam (ou aos quais se referem); trata-se dos assim chamados *topoi*, ou "lugares" gerais dos quais eles podem partir (ou aos quais eles podem sistematicamente remeter). O Estagirita explica que os *topoi* fundamentais da retórica são quatro: *a*) o lugar do *possível* e do *impossível*, *b*) o *futuro*, *c*) o *passado* e *d*) a *grandeza*. Eis o texto aristotélico que enuncia esses "lugares".

> Todos os que falam [...] devem usar nos discursos o lugar do *possível* e do *impossível*, e buscar demonstrar que uma coisa *acontecerá* ou que *aconteceu*. Ademais, um lugar-comum a todos os discursos é a *grandeza*: todos servem-se da diminuição ou da ampliação quando aconselham, louvam, lastimam, acusam ou defendem [...]. Entre os lugares comuns, a ampliação é o mais próprio ao gênero epidíctico [...]; o passado, ao gênero judiciário (pois aqui o juízo se dá sobre ele); o possível e o futuro, ao gênero deliberativo[24].

Exemplifiquemos em que sentido o possível-impossível é lugar ou foco de entimemas. Se é possível que exista ou que tenha existido uma coisa contrária a outra, deverá ser possível também o seu contrário: por exemplo, se é possível que um homem seja curado, deve também ser possível que (antes) tenha estado doente. Se é possível algo mais difícil, é possível algo mais fácil. Se é possível uma coisa ou ação na sua qualidade mais excelente, é também possível a mesma coisa ou ação na sua qualidade normal.

E eis algumas exemplificações que entram no "lugar do passado": se ocorreu o que, por natureza, é menos idôneo, pode também ocor-

22. Cf. *Retórica*, B 21.

23. Cf. *Retórica*, B 22, 1396 b 23 ss.

24. *Retórica*, B 18, 1391 b 27-1392 a 7.

rer o que, por natureza, é mais idôneo; se ocorreu o que costuma ser posterior, ocorreu também o anterior (se se esqueceu de alguma coisa, antes devia-se sabê-la).

Análogos exemplos ilustram o lugar do futuro: se aconteceram coisas que, pela sua natureza, devem preceder a outras, é verossímil que aconteçam também essas outras (se o tempo está carregado, é verossímil que chova); se ocorreu o que é finalizado a outro, é verossímil que ocorra também esse outro (se estão feitos os fundamentos de uma casa, é verossímil que se faça a casa).

Enfim, para obter o seu objetivo, o orador costuma *engrandecer* e *diminuir* a importância de fatos e ações que têm relação com o útil, o justo e o belo, conforme os casos e os gêneros de oratória[25].

A esta tópica geral, Aristóteles faz seguir uma tópica particular do entimema verdadeiro e do entimema aparente (assim como, na dialética, tratou de todos os enganos sobre os quais se fundam os silogismos aparentes). É uma parte extremamente técnica, porém interessante[26].

7. Conclusões sobre a *Retórica*

O último livro da *Retórica* trata questões particulares de estilo e de composição e afronta problemas que, por mais interessantes que sejam, pertencem mais ao âmbito da crítica literária e da linguística que ao da filosofia.

Queremos, contudo, dar um breve juízo avaliativo sobre a retórica.

Depois do grande sucesso que conheceu na antiguidade, pouco a pouco a retórica foi condenada ao declínio nos tempos modernos. Quais são as razões desse declínio? Eis os juízos de dois conhecidos aristotelistas ingleses. Escreve Ross: "Se a *Retórica* tem agora menos vida que a maior parte das outras obras aristotélicas, é porque, hoje em dia, os oradores são, justamente, propensos a confiar mais no

25. Cf. *Retórica*, B 19.

26. Cf. *Retórica*, B 23-26. Sobre o tema cf. A. Russo, *La filosofia della retorica in Aristotele*, Nápoles 1962, pp. 111 ss.

talento natural e na experiência, que na instrução, e os ouvintes, porquanto sejam, como sempre, facilmente arrastados pela retórica, normalmente envergonham-se disso, e não estão muito interessados em conhecer o artifício"[27]. Por sua vez, escreve J. D. Allan: "A retórica, por tanto tempo elemento importante na educação do homem culto, praticamente desapareceu hoje em dia dos nossos programas escolares. É difícil dizer se ela desapareceu também da vida moderna ou se se transformou apenas numa disciplina muito mais especializada. Pensamos que é tarefa do crítico literário codificar concretamente as regras de bem escrever sobre qualquer assunto (o que corresponde ao livro III da *Retórica* de Aristóteles). Não existe, ao invés, técnica *geral* que seja comum ao advogado e ao docente universitário, ao comerciante e ao pregador; e parte do empenho dos antigos retóricos dir-se-ia hoje próprio da publicidade e da propaganda, artes que, lamentavelmente, não escapam ao apelo direto e cínico às emoções, que Aristóteles recusou-se a introduzir na sua *Retórica*"[28].

Os dois juízos têm muito de verdade e, especialmente, o de Allan distingue corretamente os verdadeiros sucedâneos modernos da retórica, ou seja, a publicidade e a propaganda. Todavia, parece-nos que se prescindimos dos quadros socioculturais e ético-políticos, que têm pouco em comum com os modernos, e do elemento referente ao *conteúdo*, e se consideramos apenas o aspecto *formal*, a retórica aristotélica conserva ainda um elemento de validez. De fato, o problema básico da retórica aristotélica é esse: quais são os mecanismos, ou seja, as estruturas lógicas que sustentam as formas *dos discursos* (das mensagens) *que visam persuadir*. E se é verdade que hoje são a publicidade e a propaganda que visam persuadir, não é menos verdade que a pergunta aristotélica conserva intacto o seu sentido, se aplicada àquelas. Diremos mais: não só tem sentido a pergunta aristotélica se aplicada a essas novas formas de persuasão, mas, pensando bem, a resposta leva a conclusões análogas às que chegou Aristóteles. Quem quer convencer, usando os modernos meios de persuasão, busca sempre criar para si, em primeiro lugar, uma *credibilidade* (que é o cor-

27. Ross, *Aristotele*, p. 412.

28. D. J. Allan, *The Philosophy of Aristotle*, Oxford 1970 (trad. ital. aos cuidados de F. Decleva Caizzi, Lampugnani Nigri Editore, Milão 1973, pp. 173 s.).

respondente analógico da credibilidade do antigo orador, da qual falava o Estagirita). Ademais, a propaganda e a publicidade tentam apoiar-se sobre o público de modo a *dispô-lo de certa maneira*; e o ingente aparato dos meios audiovisuais dos quais se valem é um maciço instrumento de pressão que visa produzir no público as *disposições desejadas*. Enfim, o veículo lógico mais típico do qual a propaganda e a publicidade se valem, ou seja, o *slogan*, corresponde à antiga máxima e é a premissa ou a conclusão de um entimema, ou é, indubitavelmente, um entimema. Além disso, o fato de que hoje se carregue justamente sobre a emotividade e a passionalidade humanas, e sobre uma série de meios ligados à irracionalidade humana, que Aristóteles abominava, mas sabia muito bem serem extremamente úteis para convencer, significa apenas que as técnicas de persuasão tornaram-se hoje, muito frequentemente, amorais, enquanto Aristóteles pretendia ligá-las firmemente aos valores morais.

III. A POÉTICA

1. O conceito de ciências produtivas

Vimos acima que o terceiro gênero de ciências é dado pelas "ciências *poiéticas*" ou "ciências produtivas".

Essas ciências, como o seu nome indica, ensinam a fazer e a produzir coisas, objetos, instrumentos, segundo regras e conhecimentos precisos.

Como é óbvio, trata-se das várias artes ou, como ainda dizemos com um termo grego, das *técnicas*. O grego, todavia, ao formular o conceito de arte, acentuava mais do que nós o *momento cognoscitivo* que ela implica, sublinhando de maneira especial a contraposição entre arte e experiência: esta implica, de fato, uma repetição predominantemente mecânica e não vai além do conhecimento do *quê*, isto é, do dado de fato, enquanto a arte vai além do puro dado e toca o conhecimento do *porquê*, ou aproxima-se dele e, como tal, constitui uma forma de conhecimento. É clara a razão da inclusão das artes no quadro geral do saber, e também é clara a razão da sua posição hierárquica em terceiro e último grau, enquanto são um saber, mas um saber que não é fim para si mesmo, tampouco um saber voltado ao benefício de quem age (como o saber prático), mas voltado ao *benefício do objeto produzido.*

As ciências poiéticas, no seu conjunto, só indiretamente interessam à pesquisa filosófica. Constituem uma exceção as "belas artes", que se distinguem do conjunto das artes, seja na sua estrutura, seja na sua finalidade. Diz Aristóteles:

> Algumas coisas que a natureza não sabe fazer, a arte as faz; outras, ao invés, as *imita*[1].

Existem artes que, de algum modo, completam e integram a natureza e têm como fim a mera utilidade pragmática, e artes, ao

1. *Física*, B 8, 199 a 15-17.

contrário, que imitam a própria natureza, reproduzindo e recriando alguns dos seus aspectos, com material plasmável, com cores, sons e palavras, e cujos fins *não coincidem com os fins da mera utilidade pragmática*. Estas são as chamadas "belas artes", que Aristóteles examina na *Poética*. Na verdade, o Estagirita limita-se a tratar só da poesia, antes, só da poesia trágica e, subordinadamente, da poesia épica (numa parte perdida da obra, ele devia tratar também da comédia; todavia algumas coisas que ele diz valem para todas as belas artes em geral ou, pelo menos, podem ser estendidas também às outras belas artes).

A exposição da arte poética, se nos mantemos no esquema das ciências do qual falamos no início, deveria seguir a exposição das ciências práticas; mas dado que, como notamos, a poesia tem características especiais e, na *Poética*, Aristóteles empreende um tipo de discurso análogo ao da *Retórica*, é mais lógico falar dela nesta seção.

A pergunta que o Estagirita se põe é esta: qual é a natureza do fato e do discurso poético, e a que ele visa?

Dois são os conceitos sobre os quais deve-se concentrar a atenção para compreender a resposta dada pelo nosso filósofo ao problema: *a*) o conceito de *mimese* e *b*) o de *catarse*.

2. A mimese poética

Comecemos pela ilustração do conceito de *mimese*. Platão foi fortemente reticente com relação à arte, justamente porque é mimese, isto é, imitação de coisas fenomênicas, que, por sua vez (como sabemos) são imitação dos eternos paradigmas das Ideias, de modo que a arte torna-se cópia de cópia, aparência de uma aparência, que enfraquece o verdadeiro até quase fazê-lo desaparecer.

Aristóteles opõe-se nitidamente a esse modo de conceber a arte, e interpreta a *mimese* artística numa perspectiva oposta, de modo a fazer dela uma atividade que, longe de reproduzir passivamente as aparências das coisas, quase recria as coisas segundo uma nova dimensão.

Leiamos o texto fundamental a respeito:

Fica claro [...] que *o ofício do poeta não é descrever coisas realmente acontecidas, mas as que podem, em dadas circunstâncias, acontecer*, isto é, coisas que são *possíveis segundo as leis da verossimilhança ou da necessidade*. De fato, o historiador e o poeta não diferem porque um escreve em versos e outro em prosa; a história de Heródoto, por exemplo, poderia muito bem ser posta em versos, e mesmo em versos não seria menos história do que é em prosa. A verdadeira diferença é essa: *o historiador descreve fatos realmente acontecidos, o poeta, fatos que podem acontecer*. Por isso a poesia é algo *mais filosófico e mais elevado que a história; a poesia tende mais a representar o universal, a história, o particular*. Do universal podemos dar uma ideia desse modo: a um indivíduo de tal ou tal natureza ocorre dizer ou fazer coisas de tal ou tal natureza, em correspondência às leis da verossimilhança ou da necessidade; e justamente a isso visa a poesia, *embora dê nomes próprios aos seus personagens*. Tem-se o particular quando se diz, por exemplo, o que fez Alcibíades ou o que lhe aconteceu[2].

Essa passagem é, por muitos aspectos, iluminadora.

a) Em primeiro lugar, Aristóteles compreende muito bem que a poesia não é poesia porque usa versos; poderia não usar versos e ser igualmente poesia. O poeta pode fazer fábulas, mais que versos, pois ele só é poeta em virtude da sua capacidade mimética ou criadora, e o que ele imita ou cria são ações, não versos[3]. E, em geral, pode-se dizer que não são os meios utilizados pela arte que fazem com que ela seja arte.

b) Em segundo lugar, Aristóteles individua igualmente bem que a poesia (e a arte em geral) também não depende do seu objeto, ou melhor, do *conteúdo de verdade* do seu objeto. Não é a *verdade histórica* das pessoas, dos fatos e das circunstâncias por ela representados que lhe dão o valor de arte. A arte pode *também* narrar coisas efetivamente acontecidas, mas só se torna arte se a essas coisas ela acrescenta um *quid* que falta à narração puramente histórica (recorde-se que o Estagirita compreende a narração histórica prioritariamente como crônica, como descrição de pessoas e de fatos cronologicamente ligados). Se as *Histórias* de Heródoto fossem postas em versos,

2. *Poética*, 9, 1451 a 36-b 11.

3. Cf. *Poética*, 9, 1451 b 27 ss.

com isso não se geraria poesia; contudo, coisas efetivamente acontecidas e narradas por Heródoto poderiam tornar-se poesia. Como? Responde Aristóteles:

> Se um poeta faz poesia sobre fatos realmente acontecidos, este não será menos poeta por isso: porque também entre os fatos realmente acontecidos nada impede que existam alguns de tal natureza, *que poderiam ser concebidos, não como acontecidos realmente, mas como possíveis e verossímeis de acontecer; e é justamente sob esse aspecto da sua possibilidade e verossimilhança que quem os trata não é seu historiador, mas seu poeta*[4].

c) Fica claro, em terceiro lugar, que a poesia tem uma superioridade sobre a história, pelo *modo próprio* de tratar os fatos. Com efeito, enquanto a história fica inteiramente presa ao particular, e considera-o justamente *enquanto particular*, a poesia, mesmo quando toma os mesmos fatos tomados pela história, *transfigura-os*, por assim dizer, em virtude do seu modo de tratá-los e de vê-los "sob o aspecto da possibilidade e da verossimilhança", e assim faz com que se elevem a um significado mais amplo, e, de certo modo, *universaliza* esse objeto. Aristóteles usa justamente o termo técnico "universal" (τὰ καθόλου)[5]. Mas que tipo de "universais" podem ser esses da poesia, esses tipos de universais (como lemos na passagem da qual partimos) que não desdenham nomes próprios?

e) Evidentemente, não se trata aqui dos *universais lógicos*, do tipo daqueles tratados pela filosofia teorética, em particular a lógica. De fato, se a poesia não deve reproduzir verdades empíricas, tampouco deve reproduzir verdades ideais de tipo abstrato, justamente, verdades lógicas. A poesia não só pode e deve separar-se da realidade e apresentar fatos e personagens não como são, mas *como poderiam ou deveriam ser*, mas, diz expressamente Aristóteles, *pode também introduzir o irracional e o impossível, e pode até mesmo dizer mentiras e fazer uso conveniente de paralogismos* (isto é, de raciocínios falaciosos); e pode fazer isso desde que torne o impossível e o irracional *verossímeis*[6]. O Estagirita chega mesmo a dizer o seguinte:

---

4. *Poética*, 9, 1451 b 29-33.
5. *Poética*, 9, 1451 b 7.
6. Cf. *Poética*, 24, 1460 a 13 ss.

O impossível verossímil deve ser preferível ao possível não acreditável[7].

Com relação às exigências da poesia, é preciso ter presente que uma coisa impossível, mas acreditável, deve sempre ser preferível a uma coisa não acreditável, mesmo que possível[8].

Sendo assim, a poesia poderá muito bem representar os Deuses de modo falacioso, porque assim se os representa o vulgo, e porque fazem parte da vida como crença do vulgo.

e) A universalidade da representação da poesia nasce da sua capacidade de reproduzir os eventos "segundo a lei da verossimilhança e da necessidade", isto é, da sua capacidade de propor os eventos de tal maneira que resultem ligados em conexão perfeitamente unitária, quase como num organismo no qual cada parte tem o seu sentido em função do todo. Valgimigli, melhor do que todos, captou esses pontos numa página que queremos reproduzir textualmente, porque muito iluminadora: "A história tem uma coesão extrínseca e cronológica, a poesia, intrínseca e espiritual. O que a história narra é o fato nu enquadrado em seu lugar na série cronológica; mas a série ou disposição cronológica pode ser simplesmente justaposição, não é necessário que seja coordenação e dependência. O que a poesia representa é de tal modo cerrado e conexo na sua consequencialidade, coesão e concentração de partes, que nada se pode mover ou tirar sem abrir um vazio no qual se desagrega e arruína o conjunto. Porque uma coisa é que algo aconteça *em consequência* de outra — poesia; outra coisa é que aconteça *depois* de outra — história. Portanto, não podemos mais dizer que objeto da mimese é um dado da realidade. Se também é, ele não vale enquanto é, mas enquanto concebido no seu ser e no seu devir, segundo as leis do verossímil e do necessário. Leis de unidade, de coerência, de coesão, de concentração, nas quais todos os elementos que compõem o mito, isto é, a mimese da ação, aderem um ao outro, são necessários um ao outro, compenetram-se um no outro pela interna e fluida reciprocidade, e tendem concordemente para um único fim que se concretiza numa atitude de vida, numa força ativa e presente, como um vivo e perfeito organismo. E essa é a lei fundamental que sustenta solidamente toda a *Poética* aristotélica,

7. *Poética*, 24, 1460 a 26 ss.

8. *Poética*, 25, 1461 b 11 ss.

interpreta em todas as partes cada uma das suas proposições, ilumina qualquer obscuridade sua, abole as suas contradições, insinua-se até mesmo nos mais sutis pormenores da técnica poética, e ainda hoje, ouso dizer, é escolta bem segura a quem se arrisque no mistério da poesia e da arte"[9].

Então, diz Valgimigli com terminologia crociana, o universal da arte é "*o universal concreto*, melhor, no máximo da sua concretude"[10]. Poder-se-ia também dizer o "universal fantástico", usando termos mais inspirados em Vicco. Mas é óbvio que essa terminologia leva decididamente além de Aristóteles. Não obstante fica claro, a partir das considerações acima desenvolvidas, que na célebre passagem da qual partimos, o Estagirita, embora de maneira vaga e confusa, intuiu isso: a poesia é mais filosófica que a história, mas *não* é filosofia; o universal da poesia não é o universal lógico e, portanto, é algo específico, que tem o seu valor, embora não sendo este nem o valor da verdade histórica nem o valor da verdade lógica. A posição platônica é, portanto, nitidamente superada.

3. O belo

A estética moderna habituou-nos a considerar os problemas da arte de tal maneira que nos resulta difícil pensar a possibilidade da sua definição prescindindo da uma adequada definição do *belo*. Na realidade, já vimos que esse conceito não era igualmente claro para os antigos. Platão, como sabemos, ligou o belo à erótica, mais que à arte; e Aristóteles, que o ligou à arte, só o definiu acidentalmente na *Poética*. Eis a definição que Aristóteles deu do belo:

O belo, seja um ser animado, seja qualquer outro objeto, desde que igualmente constituído de partes, não só deve apresentar nessas partes certa *ordem* própria, mas também deve ter, e dentro de certos limites, uma grandeza própria; de fato, o belo consta de grandeza e de ordem; portanto, não

---

9. M. Valgimigli, *Aristotele, Poetica*, Bari 1968[7], pp. 13 s. A tradução da *Poética* de Valgimigli foi publicada tanto na coleção "Filósofos antigos e medievais", como na "Pequena biblioteca filosófica Laterza", em edição reduzida (agora está incluída também in Aristotele, *Opere*, Bari 1973).

10. Idem, Ibidem, p. 28.

pode ser belo um organismo excessivamente pequeno, porque nesse caso a vista confunde-se, atuando-se num momento de tempo quase imperceptível; e tampouco um organismo excessivamente grande, como se se tratasse, por exemplo, de um ser de dez mil estádios, porque então o olho não pode alcançar todo o objeto no seu conjunto, e fogem, a quem olha, a unidade e a sua orgânica totalidade [...][11].

O mesmo conceito foi expresso na *Metafísica*, onde o belo é ligado às matemáticas:

Dado que o bem e o belo são diferentes (o primeiro, de fato, encontra-se sempre nas ações, enquanto o segundo encontra-se também nos entes imóveis), erram os que afirmam que as ciências matemáticas não dizem nada sobre o belo e o bem. Com efeito, as matemáticas falam do bem e do belo e os revelam em sumo grau: de fato, se é verdade que não os nomeiam nunca explicitamente, todavia fazem conhecer os seus efeitos e as suas razões e, portanto, não se pode dizer que não falam deles. As supremas formas do belo são: a *ordem*, a *simetria* e o *definido*, e as matemáticas no-las dão a conhecer mais que todas as outras ciências[12].

O belo, então, para Aristóteles, implica ordem, simetria de partes, determinação quantitativa; numa palavra: *proporção*.

Compreende-se que, aplicando esses cânones à tragédia, Aristóteles queria que ela não fosse nem muito longa nem muito breve, mas capaz de ser apreendida pela mente num só golpe, do princípio ao fim. E, para ele, a mesma coisa certamente valeria para toda obra de arte[13].

Esse modo de conceber o belo traz a clara marca helênica do "nada em demasia" e da "medida", e, em particular, a clara cifra do pensamento pitagórico, que punha a perfeição no "limite".

4. A catarse

Dissemos que Aristóteles trata, fundamentalmente, da tragédia. desenvolvendo a sua teoria da arte em relação a ela. Aqui não pode-

11. *Poética*, 7, 1450 b 34-1451 a 4.
12. *Metafísica*, M 3, 1078 a 31-b 2.
13. Cf. *Poética*, 7.

mos entrar nos pormenores da questão; mas deve-se destacar um ponto que, embora apresentado em estreita ligação com a definição da tragédia, vale para a arte em geral. Escreve o Estagirita:

> [...] Tragédia, pois, é mimese de uma ação séria e completa em si mesma, com certa extensão; numa linguagem embelezada com várias espécies de adornos, mas cada um no seu lugar nas diferentes partes; de forma dramática e não narrativa; a qual, mediante uma série de casos que suscitam piedade e terror, tem por efeito *elevar e purificar a alma de tais paixões*[14].

O texto original usa a expressão *catarse das paixões* (κάθαρσις τῶν παθημάτων), que resulta um tanto ambígua, e foi, por consequência, objeto de diferentes exegeses. Alguns consideraram que Aristóteles falava de *purificação das paixões* em sentido moral, como uma espécie de sublimação obtida mediante a eliminação do que nelas é mau. Outros, ao invés, entenderam a "catarse das paixões" no sentido de *remoção ou eliminação temporária das paixões*, em sentido quase fisiológico e no sentido de libertação *das* paixões[15].

Aristóteles devia explicar mais profundamente o sentido da catarse no segundo livro da *Poética*, que infelizmente se perdeu. Todavia existem dois textos na *Política* que acenam para isso. Dada a importância da questão, os apresentamos aqui. No primeiro texto lê-se:

> Ademais, a flauta não é instrumento que favorece às *qualidades morais*, mas suscita, antes, emoções desenfreadas, tanto que se a deve usar somente nas ocasiões em que ouvi-la produz *catarse*, mais que aumento do saber[16].

No segundo texto, mais amplo e pormenorizado, Aristóteles esclarece ulteriormente:

> Nós aceitamos a distinção, feita por alguns filósofos, entre melodias que têm um conteúdo moral, as que estimulam a ação e as que suscitam entusiasmo; em exata correspondência são classificadas as harmonias. A isso acrescente-se que, a nosso ver, a música não deve ser praticada por um único tipo de benefício que dela pode derivar, mas para múltiplos usos, porque pode

---

14. *Poética*, 6, 1449 b 24-28.

15. Entre os muitos escritos sobre o assunto indicamos o artigo de W. J. Verdenius, Κάθαρσις τῶν παθημάτων (in *Autour d'Aristote*, Lovaina 1955, pp. 367-373), que discute de modo suscinto e claro todos os elementos para a compreensão da questão.

16. *Política*, Θ 6, 1341 a 21-24.

servir para a educação, *para proporcionar a catarse* [...] e, em terceiro lugar, para o repouso, a elevação da alma e o descanso das fadigas. De todas essas considerações, evidentemente, resulta que é preciso fazer uso de todas as harmonias, mas não de todas do mesmo modo, empregando para a educação as que têm melhor conteúdo moral, para a audição de músicas executadas por outros, as que incitam à ação ou inspiram comoção. E essas emoções como piedade, medo e entusiasmo, que têm forte ressonância em alguns, manifestam-se em todos, embora mais em alguns e menos em outros. No entanto, vemos que quando alguns, fortemente movidos por elas, ouvem cantos sagrados que impressionam a alma, encontram-se nas condições *de quem foi curado ou purificado*. A mesma coisa vale, necessariamente, também para os sentimentos de piedade, de medo e, em geral, para todos os sentimentos e os efeitos dos quais falamos, que podem produzir-se em qualquer um na medida em que cada um tem necessidade deles: porque todos podem experimentar uma *purificação e uma aprazível leveza*. Analogamente, as *músicas particularmente aptas a produzir purificação dão aos homens uma inocente alegria*[17].

Dessas passagens resulta claramente que a catarse poética não é, certamente, uma *purificação de caráter moral* (já que é expressamente distinta dela), mas resulta igualmente que ela não pode reduzir-se a um *fato puramente psicológico*. É provável ou, em todo caso, possível que, embora com oscilações e incertezas, Aristóteles entrevisse naquela aprazível libertação operada pela arte algo análogo ao que nós hoje chamamos "prazer estético". Platão condenou a arte — entre outros — também pelo motivo de que ela desencadeia sentimentos e emoções, enfraquecendo o elemento racional que as domina. Aristóteles inverte a interpretação platônica: a arte não nos carrega, mas nos alivia da emotividade, e o tipo de emoção que ela oferece, não só não nos prejudica, mas nos beneficia.

17. *Política*, Θ 7, 1341 b 32-1342 a 16.

QUINTA SEÇÃO

CONCLUSÕES SOBRE A FILOSOFIA ARISTOTÉLICA

εἰ μὲν φιλοσοφητέον φιλοσοφητέον καὶ εἰ μὴ φιλοσοφητέον· φιλοσοφητέον. πάντως ἄρα φιλοσοφητέον. εἰ μὲν γὰρ ἔστι, πάντως ὀφείλομεν φιλοσοφεῖν οὔσης αὐτῆς. εἰ δὲ μὴ ἔστι, καὶ οὕτως ὀφείλομεν ζητεῖν οὐκ ἔστι φιλοσοφία, ζητοῦντες δὲ φιλοσοφοῦμεν, ἐπειδὴ τὸ ζητεῖν αἰτία τῆς φιλοσοφίας ἐστίν.

"[...] *se se deve filosofar, deve-se filosofar, e se não se deve filosofar, deve-se igualmente filosofar; em qualquer caso, portanto, deve-se filosofar; se, de fato, a filosofia existe, somos obrigados de qualquer modo a filosofar, dado, justamente, que ela existe; se, ao invés, não existe, também nesse caso somos obrigados a pesquisar como a filosofia não existe; mas, pesquisando, filosofamos, porque a pesquisa é a causa da filosofia*".

Aristóteles, *Protrético,* fr. 2.

Cabeça de Aristóteles, *Kunsthistorisches Museum*, Viena.

I. O DESTINO DA FILOSOFIA ARISTOTÉLICA

A especulação aristotélica teve um influxo de alcance histórico e também supra-histórico, talvez, sem comparação no âmbito de todo o arco da experiência cultural ocidental. Se imediatamente depois da sua morte, Aristóteles calou-se e não foi mais ouvido no âmbito do próprio Perípato (como, de resto, o próprio Platão terminou muito depressa por não ser mais ouvido na sua própria Academia), renasceu, já no final da era antiga, no âmbito do próprio pensamento grego, com os grandes comentadores gregos que buscaram nele um seguro ponto de apoio: de Alexandre de Afrodísia (200 d.C.) ao batalhão dos vários comentadores neoplatônicos. Já no século VI d.C., Boécio tornava conhecida no Ocidente a lógica, traduzindo o *Organon* (do qual, porém, a cultura absorveu, num primeiro momento, sobretudo as *Categorias* e o *Sobre a Interpretação*), e até o século XII todo o interesse dos ocidentais centrou-se, fundamentalmente, sobre a lógica aristotélica. Mas já no início do século IX os árabes (do Médio Oriente à Espanha) levaram ao primeiro plano todo o pensamento aristotélico, comentando-o e repensando-o a fundo. E em grande parte por influxo dos árabes o interesse pelo pensamento do Estagirita refluiu para o Ocidente, e nos séculos XIII e XIV assistimos, com a escolástica, ao mais grandioso fenômeno de reflorescimento que o aristotelismo conheceu: nesse período Aristóteles perdeu, contudo, quase todos os seus contornos históricos de homem de determinada época, e tornou-se símbolo do "philosophus" por excelência, "o mestre daqueles que sabem", quase um emblema de tudo o que a razão pode dizer com suas próprias forças, aquém da fé.

Depois do florescimento escolástico, veio o repensamento renascentista, que se estendeu do século XV até o final do século XVII (sobretudo na Universidade de Pádua), que, na tentativa de voltar ao Aristóteles genuíno, isto é, ao Aristóteles espoliado das vestimentas com os quais a escolástica o revestira, na realidade, acabou por identificar Aristóteles com o naturalista antiplatônico, como já sabemos. No século XIX, na sequência do florescimento dos estudos filológicos e da grande edição de todas as obras do nosso filósofo preparada por Bekker, Aristóteles inseriu-se de novo, embora parcialmente, no vivo da cultura filosófica: partindo de Brentano, um dos mais profundos conhecedores do Estagirita, influencia tanto a fenomenologia como Heidegger, cuja obra-prima *Ser e tempo* parte, exatamente, do livro de Brentano: *Os múltiplos significados de ser segundo Aristóteles*. E Aristóteles é considerado um ponto de referência também pelas correntes da neoescolástica. Sobre o renascimento dos estudos de caráter histórico-filológico promovido pelo novo método jaegeriano, ocorrido no curso deste século, já falamos na seção introdutória.

Pois bem, foi justamente por causa desse domínio espiritual muito frequentemente exercido pelo pensamento aristotélico e pela figura de Aristóteles que se desencadearam, além de indiscriminados amores que chegaram ao paroxismo de atos de adoração (um dos últimos aristotélicos no início da era moderna chegou a recusar-se a olhar no telescópio, para não ter de atribuir erro a Aristóteles), também aversões e desprezos igualmente indiscriminados, hostilidades irracionais e viscerais verdadeiramente absurdas, e não só no âmbito dos teóricos, mas até mesmo no dos historiadores. Por consequência, não é frequente encontrar uma correta e equilibrada avaliação complexiva do pensamento do Estagirita.

Queremos trazer aqui, como exemplo, um dos mais capciosos e partidários juízos, dado pelo maior historiador francês da filosofia antiga dos últimos tempos, de modo que o leitor possa fazer uma ideia adequada do que estamos dizendo: "Talvez se possa, sem injustiça, definir Aristóteles — escreve Léon Robin — dizendo que foi muito e muito pouco filósofo: dialético sábio e hábil, não foi nem profundo nem original. A parte mais importante das suas invenções consiste em fórmulas bem torneadas, distinções verbais fáceis de manejar; ele construiu uma máquina cujas engrenagens, uma vez postas em movimento, dão a ilusão de uma reflexão penetrante e de um saber real. Infelizmente, ele serviu-se de tal máquina para combater tanto Demócrito como Platão. Assim ele desviou por longo tempo a ciência das vias nas quais ela teria podido realizar muito rapidamente decisivos progressos. Contudo [...] ele foi um poderoso enciclopedista e um grande professor: dominou a universalidade das cognições do seu tempo e soube expô-las sistematicamente com grande habilidade em lições e tratados. A vastidão e a variedade da sua obra, algumas inegáveis qualidades de elaboração e apresentação (que são, porém, algo muito diferente do espírito de pesquisa em matéria de ciência como de filosofia): eis, prescindindo das especiais circunstâncias históricas, o que ofereceu uma incomparável ocasião favorável à sua filosofia e ao seu nome"[1]. Naturalmente, Robin acaba, *de fato*, por desmentir a si próprio, tanto é que, no conjunto do seu trabalho, dedicou a Aristóteles mais espaço que aos outros pensadores e, em particular, mais espaço que ao próprio Platão, e o que ele diz, expondo Aristóteles, verdadeiramente inverte o seu juízo conclusivo. Mas quisemos ler esse juízo a modo de paradigma, ou seja, para mostrar quanta dureza e inimizade, isto é, quanto de irracional condiciona até mesmo o juízo dos historiadores que deveriam estar sempre "acima das posições partidárias".

1. Robin, *Storia del pensiero greco*, pp. 374 s.

II. VÉRTICES E APORIAS DA FILOSOFIA ARISTOTÉLICA

Quem nos seguiu até aqui ter-se-á dado plenamente conta de que a sorte do aristotelismo tem motivos bem diversos das simples "circunstâncias históricas" ou, pior, do "enciclopedismo" ou, pior ainda, das "fórmulas bem torneadas".

Em primeiro lugar, recordemos os vértices da metafísica. A reforma da concepção platônica das Ideias e, junto com isso, o aprofundamento do êxito fundamental da "segunda navegação" levaram Aristóteles à grande descoberta do Motor Imóvel, vale dizer, à descoberta do Absoluto concebido, não como suprema realidade *inteligível, mas como suprema Inteligência* (*autointeligência, autopensamento*). E essa descoberta atingiu todo o Ocidente de diferentes maneiras: dos teólogos medievais, que a puseram na base do repensamento filosófico da ideia de Deus da qual falam as Escrituras, a Hegel, que não hesitou em considerar essa ideia especulativa como "o que há de melhor e mais livre", e ver nela a primeira intuição histórica do Absoluto como autopensamento. As aporias às quais deu lugar essa descoberta são igualmente notáveis: a sua absoluta transcendência, desdenhosa de qualquer ligação de fato com o mundo e com os homens, devia tornar muito dificilmente compreensíveis os laços do mundo (e a própria estrutura do mundo) e dos homens com ela. O mundo existe desde sempre e para sempre, e desde sempre e para sempre tende ao Primeiro Princípio, não porque Ele *queira* ou *projete* isso, mas porque, sendo o Bem supremo, como tal não pode não atrair; mas se é assim, Ele atrai de modo fatal e quase mecânico (quase como um ímã). Sem contar, depois, as aporias teológicas que nascem do fato de Aristóteles ter admitido outras Inteligências (embora inferiores) junto e abaixo da Primeira. Para todas essas dificuldades, só o teorema da criação poderia oferecer uma saída: mas trata-se de um teorema que permaneceu desconhecido a toda a grecidade. Em todo caso, o fato de ter captado o Absoluto como espírito e como pensamento, como substância imaterial e inteligência permanece como a mais elevada conquista da metafísica antiga. E junto com a descoberta principal, devemos sublinhar, embora de passagem, a importância das figuras especulativas particulares da metafísica, quais sejam: *ser, categoria, substância, acidente, matéria, ato, forma, potência* e todas as outras ligadas a elas, em torno às quais se polarizará a discussão por séculos inteiros (mesmo quando, como na época do racionalismo e do empirismo, tentar-se dar-lhes significados completamente novos).

No que diz respeito à física aristotélica (compreendida a cosmologia), ocorre o mesmo: sabemos que a física do Estagirita é, na realidade, uma *metafísica do sensível*, e como tal deve ser avaliada: ela desenvolve um discurso diferente relativamente àquele com que Galileu abrirá a grande estação da ciência moderna: e quando os historiadores reprovam a física aristotélica de ter, justamente, amarrado a ciência até Galileu, esquecem exatamente o seu caráter estrutural, e esquecem, também, quanto contribuiu essa metafísica da natureza para afinar o *logos* que criou a verdadeira ciência da natureza.

Também na psicologia as conquistas aristotélicas foram essenciais. Mais uma vez tais conquistas têm pouco a ver com a moderna ciência que leva o mesmo nome, dado que a psicologia do Estagirita tem uma base fortemente metafísica e não foi substituída por aquela, que procede por outras vias. A explicação do conhecimento como progressiva desmaterialização da forma, que começa pelos sentidos e termina no intelecto, permanece provavelmente a contribuição maior dada pelo Estagirita nesse âmbito. As aporias implicadas na doutrina platônica da *anamnese* são superadas com o sábio uso dos conceitos de potência e ato, como vimos. Mas surge uma ulterior aporia em nível mais elevado: em nós há um *Nous*, um Espírito, um Pensamento que age, atualizando o conhecimento mais elevado (que é, depois, a mais elevada forma de desmaterialização). Este vem "de fora" e é imortal, antes, é o "divino em nós": mas Aristóteles não diz como ele vem de fora de nós, qual é a sua origem e qual o seu destino. E todas as sucessivas interpretações tentadas erram, porque Aristóteles estruturalmente não o podia dizer: ou deveria retomar os mitos escatológicos de Platão, acolhidos por ele nos escritos exotéricos juvenis, mas depois abandonados completamente, ou, de início, deveria apelar para um princípio criacionista.

Foram essenciais as aquisições da *Ética* e grandíssimos os seus influxos em todos os tempos. No pensamento moral, Aristóteles, na verdade, é muito mais platônico do que comumente se reconhece. A ideia base da ética aristotélica é, fundamentalmente, a ideia socrático-platônica, segundo a qual a essência do homem é dada pela sua alma e, portanto, os verdadeiros valores são os da alma, relativamente aos quais os outros bens assumem um significado apenas instrumental. Falta, ao invés, à ética aristotélica, a dimensão religiosa e escatológica própria de Platão, e essa falta (junto com a atenta fenomenologia de caráter realista que Aristóteles aprofunda grandemente) é que faz com que ela pareça mais diferente da ética platônica do que de fato é. A ideia socrático-platônica de "cuidado da alma" permanece a ideia de fundo: a virtude só é a virtude da alma, assim como a felicidade só é a felicidade da alma. Da distinção das partes da alma é deduzida a principal distinção das virtudes, e na parte mais elevada da alma é posta a virtude mais elevada. Em todo caso, permanece fundamental o fato de Aristóteles demonstrar que, embora prescindindo dos motivos religiosos platônicos, aquele tipo de ética sustenta-se sobre bases puramente filosóficas. Aristóteles tenta, ademais, lançando-se além de Sócrates e de Platão, explicar a psicologia do ato moral, reavaliando os elementos volitivos que Platão introduziu na alma a partir da *República*, mas depois não soube explorar a fundo. Mas, desta vez, o sucesso é relativo; Aristóteles compreende que *a liberdade* é determinante em nosso agir, mas, depois, não consegue determinar o que são a vontade e o livre-arbítrio e, frequentemente, o livre-arbítrio escapa-lhe por entre as mãos no instante mesmo em que tenta captá-lo. Também Aristóteles, como Platão, põe no conhecimento (ou, para usar a sua própria linguagem, nas *virtudes intelectuais*) a mais elevada *areté* do homem, e na contemplação do verdadeiro põe o que faz o homem ser plenamente si mesmo. Permanece aporética, na ética aristotélica, a determinação da verdadeira fonte do agir moral: as virtudes éticas, de um lado, supõem, para realizarem-se, a virtude intelectual da sabedoria (*phrónesis*), mas só pode haver sabedoria na presença das virtudes éticas (e vice-versa). Ademais, para ser bom é preciso querer fins bons; mas só reconhece os fins bons quem já é bom; de modo que ocorre aqui um círculo. E a escolha racional, na qual, sobretudo, os estudiosos acreditaram coincidir a vontade e a liberdade, na verdade, para Aristóteles, só é a *escolha de meios* e não de fins (que são queridos anteriormente à escolha). Também a ética aristotélica é, em larga medida, intelectualista: a cifra que caracteriza o homem perfeito (assim como caracteriza Deus) é a razão e o conhecimento, não a vontade.

Ainda mais acentuadas são as aporias da política (que — recordemos — é parte integrante da ética). Ao lado de esplêndidas intuições (como a definição do homem como animal estruturalmente político e uma série de proposições decorrentes dela), encontramos a teorização do *escravismo* e até mesmo do *racismo*. Aristóteles não consegue ver além da polis e continua a crer que a pólis é a instituição politicamente mais perfeita. O seu discípulo Alexandre já helenizava os bárbaros e abria novos caminhos para a história, mas o Estagirita não pôde compreender nada disso: os bárbaros eram, para ele, *por natureza*, seres inferiores e, portanto, não podiam ser equiparados ao homem grego, nem ser helenizados, nem ser verdadeiros sujeitos ativos de organismos políticos diferentes da polis. Vimos amplamente que, na verdade, essas aporias derivam mais das hipotecas histórico-culturais que o condicionavam do que de princípios do filósofo. Mas isso é tanto mais interessante, porque mostra como na compreensão adequada do homem e do seu destino entram em questão não só as componentes especulativas. Aplicados ao homem, os princípios puramente filosóficos mostram-se suscetíveis de larga margem de manipulação e de plasticidade. Em particular, Aristóteles não pôde dar um verdadeiro significado ao homem, porque não o pôs em conexão com Deus: porque o seu Deus não é criador, não se interessa pelos homens e permanece estranho tanto ao destino dos indivíduos como ao destino dos povos. Os homens existiram desde sempre e existirão para sempre (já que nem o mundo nem as espécies vivas tiveram uma origem), porém valem, mais que como indivíduos concretos, como portadores e transmissores do seu *eidos*, isto é, da racionalidade que encarnam e na medida em que a encarnam; mas o homem individual, *sob o aspecto da individualidade*, acaba por resultar insignificante. Só a revolução do cristianismo saberá reavaliar o homem como *individual* e saberá explicar qual a verdadeira raiz do bem e do mal, isto é, da responsabilidade moral: e só o conceito de "filho de Deus" oferecerá o instrumento para derrubar definitivamente as distinções homem-mulher, livre-escravo, grego-bárbaro e todas as outras ligadas a elas, e saberá fazer compreender em que consiste a verdadeira igualdade de cada um e de todos os homens.

Do significado e do alcance da lógica aristotélica já falamos bastante: dificilmente seria sustentável e demonstrável que as novas lógicas da era moderna poderiam subsistir se Aristóteles não tivesse escrito o *Organon*. Isso não significa, absolutamente, como é claro, que o silogismo constitua, como pretende Aristóteles, a forma de toda e qualquer argumentação correta e a estrutura própria de qualquer mediação e inferência. De resto, nos vários ramos do saber filosófico, o próprio Aristóteles vale-se largamente de outros procedimentos que não são propriamente dedutivos. E também vimos que a indução e a intuição platônica indicam, em Aristóteles, os declarados limites da dedução silogística. Mas a lógica aristotélica permanece, em todo caso, como o tronco do qual as sucessivas lógicas são ramificações.

Enfim, sobre as relações de Aristóteles com Platão já dissemos tudo o que é preciso no parágrafo inicial. Aqui, como conclusão, queremos apenas acrescentar isso: a imanentização das Ideias e a sua transformação em essências (ou seja, em estruturas inteligíveis do sensível), que levou, como vimos, não à negação da existência de substâncias suprassensíveis, mas a uma concepção mais elevada de substâncias suprassensíveis como *inteligências* (em vez de *inteligíveis*), abria uma ulterior aporia: que relação existe entre essas essências inteligíveis imanentes e a Inteligência (e as Inteligências) transcendente? O inteligível imanente depende ou não da Inteligência transcendente? E se depende, de que modo? Era preciso fazer das essências inteligíveis os pensamentos da Inteligência criadora e considerá-los causas exemplares, explorando a intuição que só vagamente brilhou para Platão com a doutrina do Demiurgo, mas foi logo comprometida no contexto do próprio pensamento platônico, dado que o Demiurgo não é senão um Deus inferior, bem abaixo do mundo das Ideias. Também dessa aporia só se poderia sair com o teorema da criação.

E para terminar a exposição e a interpretação do pensamento de Aristóteles, que é, certamente, a mais completa expressão e como a síntese da filosofia clássica, a qual, por sua vez, é a forma de filosofia especulativa e metafisicamente mais empenhada, queremos, concluindo o discurso em círculo com relação ao que dissemos na Introdução, reafirmar ainda um ponto. Defendendo a filosofia contra os seus negadores, Aristóteles escreve no *Protrético*: "Quer se deva filosofar, quer não se deva filosofar, é preciso filosofar; mas dado que entre o filosofar e o não filosofar não existe outra escolha, deve-se em todo caso filosofar"[1]. Que quer dizer: se devemos filosofar, filosofamos sem dúvida; se não devemos filosofar, então é preciso filosofar para demonstrar que não devemos: mas isso é, em todo caso, filosofar. Portanto, estruturalmente, não é possível prescindir do filosofar. Pois bem, quando Aristóteles exprimia essas sacrossantas verdades, estava muito longe de suspeitar que, justamente, a sua filosofia seria, em grande parte, determinante na história dos conteúdos do filosofar humano: foram, justamente, conceitos, princípios e categorias aristotélicas a serem invocados muitas vezes a favor e contra o filosofar, mas com os êxitos que o dilema acima lido *a priori* demonstra serem inevitáveis.

E não creia o homem de hoje, depois de Marx e de Freud, ter deixado definitivamente para trás a dimensão clássica da filosofia, da qual a formulação aristotélica é a mais típica: se não se refugiar rigorosamente nos estreitos âmbitos das ciências empíricas, se não se limitar exclusivamente ao empenho político e se não se entregar por inteiro à ânsia existencial, e se tentar qualquer asserção de caráter metassetorial e metaempírico, encontrar-se-á naquele inexorável dilema acima referido, e mais ainda — saiba-o ou não — encontrar-se-á manejando categorias que, por direta filiação ou por dialética e mediada transformação e contraposição, derivam de Aristóteles e da filosofia clássica que nele encontrou a forma mais completa. E então, não só é loucura renunciar a filosofar, mas é também loucura, devendo inexoravelmente filosofar, acreditar que se pode limitar ao hoje, já que o presente não é inteligível sem o passado do qual nasce e, ademais, não é nunca verdadeiramente atual, ou só é ilusoriamente atual: porque atual não é o momento que foge, mas o que resiste além do momento, e, no limite, só o eterno é, verdadeiramente, atual.

1. Tradução italiana de E. Berti.

CIDADES DE NASCIMENTO E SEDES NAS QUAIS ARISTÓTELES VIVEU E ENSINOU

CIDADES DE NASCIMENTO E SEDES NAS QU

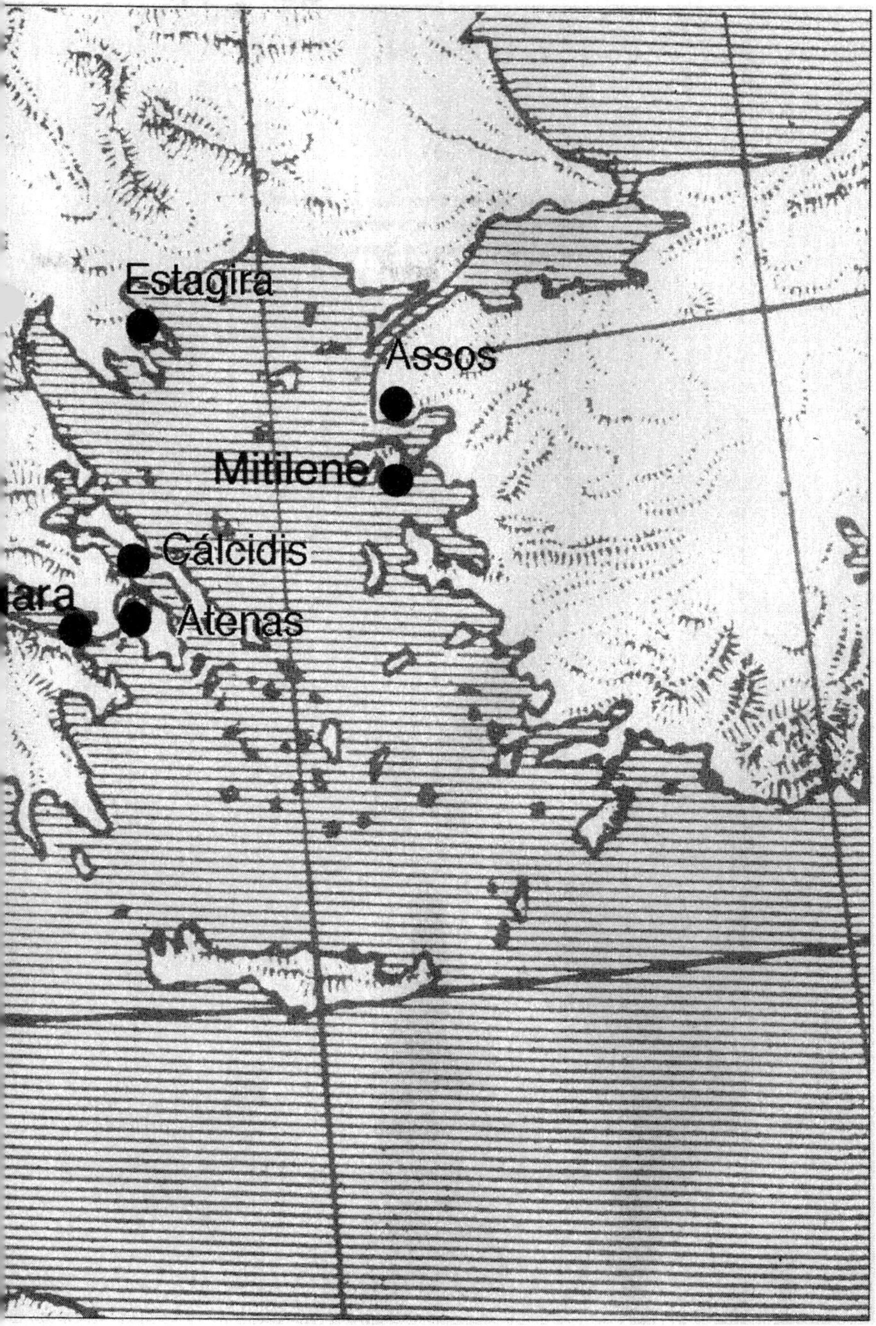

ATÃO E ARISTÓTELES VIVERAM E ENSINARAM

Edições Loyola é uma obra da Companhia de Jesus do Brasil e foi fundada em 1958. De inspiração cristã, tem como maior objetivo o desenvolvimento integral do ser humano. Atua como editora de livros e revistas e também como gráfica, que atende às demandas internas e externas. Por meio de suas publicações, promove fé, justiça e cultura.

Siga-nos em nossas redes:

edicoesloyola

edicoes_loyola

Edições Loyola

Edições Loyola

edicoesloyola

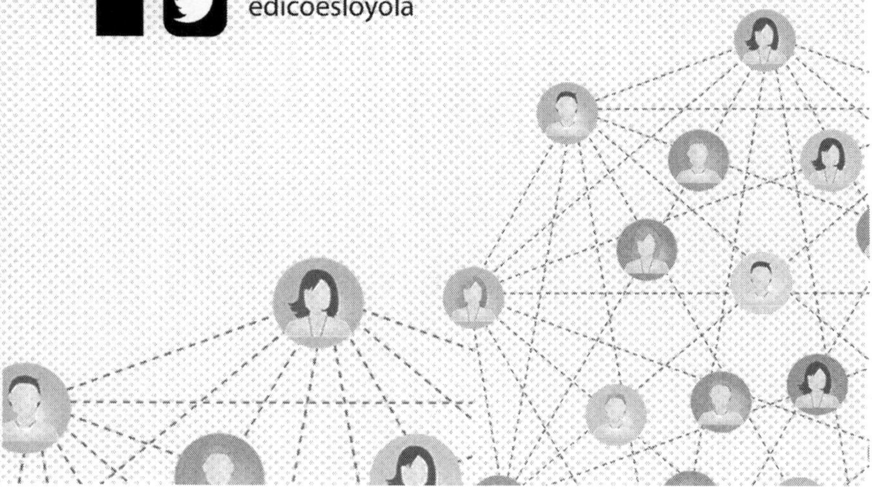

Edições Loyola

editoração impressão acabamento

rua 1822 n° 341
04216-000 são paulo sp
T 55 11 3385 8500/8501 • 2063 4275
www.loyola.com.br